JN015212

総合的な学習としての STEAM 教育の実践

Practicing STEAM Education as Integrated Learning :
Activities With Sound and Music as the Theme

音や音楽を題材にした活動

芳賀 均　　森 健一郎
HAGA Hitoshi　　MORI Kenichiro

幻冬舎 MC

森林に響く心地よいチャイムの音

心地よいチャイムの音を聞きながら植樹体験

総合的な学習としての STEAM教育の実践

――音や音楽を題材にした活動――

Practicing STEAM Education as Integrated Learning:
Activities With Sound and Music as the Theme

はじめに

子どもは、ハンバーグ定食と餃子を食べながら、いちいち、これは洋食、これは中華、味噌汁は和食、という意識をしないようです。それと同様に、学校において、これは音楽、これは理科、算数といった具合に「教科」を意識しない在り方の学習・活動の時間があれば、それは子どもたちにとって自然なことであるといえます。

音楽や理科、算数といった各「教科」の学習には、それぞれの楽しさや充実感があるでしょう。しかし、それらが別個でなく、融合した学習には、総合的な存在である子どもたちにとって、理に適(かな)った学習といえる魅力があります。

幼児から高校生まで一貫した教育の在り方が求められるようになった[1]現在、幼稚園・保育所の子どもたちが遊びの中からたくさんの発見や学びを得るように、大人のつくった「教科」という垣根に縛られない活動が展開される、そんな実践を学校で試みることについて、本書で触れていきたいと思います。

目　次

1

変化の激しい時代に向けた教育

1-1　求められる学習の在り方

ご存じの方もいらっしゃることと思いますが、学校における学習・活動は、学習指導要領に則（のっと）って行われます。ほぼ令和の時代の幕開けとともに運用されることとなった第９次『学習指導要領解説』の冒頭（第１章 総説１ 改訂の経緯及び基本方針（1）改訂の経緯）には、総則編をはじめ、各教科等の各編でも、同じことが書かれています[2)]。

今の子供たちやこれから誕生する子供たちが、成人して社会で活躍する頃には、我が国は厳しい挑戦の時代を迎えていると予想される。生産年齢人口の減少、グローバル化の進展や絶え間ない技術革新等により、社会構造や雇用環境は大きく、また急速に変化しており、予測が困難な時代となっている。また、急激な少子高齢化が進む中で成熟社会を迎えた我が国にあっては、一人一人が持続可能な社会の担い手として、その多様性を原動力とし、質的な豊かさを伴った個人と社会の成長につながる新たな価値を生み出していくことが期待される。

こうした変化の一つとして、人工知能（AI）の飛躍的な進化を挙げることができる。人工知能が自ら知識を概念的に理解し、思考し始めているとも言われ、雇用の在り方や学校において獲得する知識の意味にも大きな変化をもたらすのではないかとの予測も示されている。このことは同時に、人工知能がどれだけ進化し思考できるようになったとしても、その思考の目的を与えたり、目的のよさ・正しさ・美しさを判断したりできるのは人間の最も大きな強みであるということの再認識につながっている。

このような時代にあって、学校教育には、子供たちが様々な変化に積極的に向き合い、他者と協働して課題を解決していくことや、様々な情報を見極め知識の概念的な理解を実現し情報を再構成するなどして新たな価値につなげていくこと、複雑な状況変化の中で目的を再構築することができるようにすることが求められている。

皆様の中には、『学習指導要領解説』を読む際には、いきなり自分に関係のある各教科の内容の部分に意識が行きがちな方も少なくないことと思われます。上掲のような部分は単なる前置きのように思えることもあるかもしれませんが、我が国が目指す教育の前提・基底を認識するためにも重要な文章であるといえます。

――ざっと読むと、この先「厳しい時代が来る」「どうなるか分からない」「このままでは持続不可能なのか」と思われるような、かなり衝撃的なことが書いてあります。それに対して「創造性が期待される」「人間らしさが重要」「みんなで協力して知識を再構成して有機的なものにしていくことが大切」という、人間らしさが重要であると書かれていると解釈することができます。人工知能（AI）やロボットに取って代わられる（代わらせる）仕事や状況が増加する[3]にしたがって、それらに対して人間として関わっていくためにも重要な、資質・能力の育成が第９次学習指導要領に掲げられました。

以上を大まかに整理すると、「これから先のどうなるか分からない世界をみんなで生き抜いていくための人間としての力を育成する」ことが、学校の学習・活動に求められているといえます。教師を含めた、今の大人が経験して知っている筋道とは異なった世界が展開される可能性があると考えられることから、大人自身が教わったように教えるだけでは不十分、教わったようにしか教えられないという在り方では望ましくないことになります[4]。**大人も子どもたちとともに次の時代をつくっていく**、というくらいの姿勢で授業に取り組む在り方が求められているといえます。こうした在り方は、実は、いつの時代にも通じます。『学習指導要領』は、およそ十年に一度改訂されますが、そのたびにその記述に振り回されるのではなく、しなやかさと強靭さを併せもった姿勢で臨むことが大切であるといえます。日本人のよいところとしていわれる「まじめで勤勉」というのは信用にもつながる長所であるのは確かですが、それが「誰かに決められていること」や「もはや通用しなくなっていること」等々に頑なに留まり、ひたすらこなし続けるという現れ方をしたならば、望ましくない大変化に飲み込まれてしまいます。文化遺産の伝達は学校の大切な機能の一つですが、新しい価値を創造できる能力を育てていかなければ、自分たちの暮らす世の中が持続可能でなくなってしまうかもしれません。イノベーションを起こせる人は、一握りの天才や、特別に優秀な人だけに限られるのではなく、そうした能力は、学習によって後天的に身に付けられ、決して先天的な能力ではない[5]といいます。

振り返れば、明治維新や数次の戦争、オイルショック、大災害等、我が国には変化の激しくなかった時代の方が珍しいといえるかもしれません。その都度、日本人はそれに対応し、生き抜いてきたといえます。そうした状況においては、複数の分野の複雑な関連を理解することが求められます[6]。すなわち、断片的な知識をもっているだけでは生き抜いてはいけないということです。学校教育に求められることは、思考を深めながら知識や技能を得、また、知識を使いこなし、試行錯誤しながら課題を解決する力の育成です。そのためには、各教科の領域を超えた全人的教育を展開することが求められています。

本書では、全人的教育に好適と考えられる一つの方法である、「合科的学習」[7]、異なる教科を融合させた学習として、STEAM（スティーム(スチーム)）教育を取り上げます。

その際、音楽と理系領域（本書においては、理系領域とは、理科・

技術[①]・数学を指すことにします。これらは小学校においては、主に理科・図画工作・算数で扱われるものです）の合科的学習の試みを掲載していきます。それは、教科等の枠を超えた教科横断的・総合的な学習であると同時に、探究的・協同的な学習を指向するものです。関心・意欲を重視した子どもの体験的で主体的な活動、各教科等で育成される能力が活用される活動を構想してみました。

なお、「教科横断的」という言葉に関しては、これが「総合的な学習の時間」を「わけのわからないもの」にしないための重要なキーワードであるということが指摘されています[8)]。

すなわち、教科横断的に教師が単元をつくり込む時点で、それが「教科」の学習法になっており、子どもの立場からの学習ではなくなっているという矛盾があるわけです。それを乗り越えていくには、単元を細分化せずに、子どもたちが「ひたる活動」を行えるように手助けすべきであるということが提案されています[9)]。

そうしたことを念頭に置きつつ、私どもが考慮したのは、「いつか役に立つかもしれないよ」という程度のことに、貴重な時間や脳の容量の大きな部分を割くような、必要性や充実感が認識できない（学習が終わっても、解放感はあるけれど達成感がない）、あるいは必要性を納得していない断片的な知識や技能を

---

① 中学校においては、「技術」の時間数が激減しています（日本産業技術教育学会「『高等学校共通教科情報科の大学入学共通テストでの実施に関する提言』について」、2021、https://www.jste.jp/main/teigen/210201_teigen.html　2022.06.22、22:22 閲覧］）。本書に掲載するような実践は、限られた時間においても総合的な広がりをもち、有効であると考えます。

詰め込むのではなく、必要性や充実感を認識しながら活動できるようにすることです。そうした活動を繰り返すことで汎用的な能力が培われますが、それは学校で意図的に育てることが望まれます。社会で何か新しいことが要請されるたびに、「新しい教育」が提唱され、そしていつの間にか忘れられる――むしろ、次々に「新しい教育」が出てくるので、また別の方向に目が向いてしまうことが繰り返されているのではないでしょうか。**「新しい○○教育」が登場するたびに、それを「そのまま」の形で学校現場にもち込むようなことには慎重であるべき**と考えます。場合によっては効果的ではあるでしょうが、その提唱されたことが目的化してしまい、かえって視野を狭めるような展開もしばしばあったものと考えます[②]。

学校現場の役割は「汎用的な能力の育成」であり、「その特定の時代にしか通用しない力」ばかりを身に付けさせることにならないよう、「社会に要請されていることをそのまま教育課程に下ろすことではない」と認識しておきたいところです。

これからも我々を取り巻く社会では様々な課題の発生が予想されます。それに従い、人々に求められる能力も時代とともに変化していくでしょうから、特定の物事に対応するだけの力ではなく、汎用的な能力が求められるのです。教育現場の教師に

② 同様に、STEAM も目的になってしまうことのないよう、きちんと手段（ツール）として位置付け、決して自己目的化せぬように留意することが大切であると考えます。

とって大切なのは、社会で何か新しいことが要請されたり、学習指導要領が改訂されたりするたびに右往左往して、その都度提唱される「新しい○○」をそのまま教育現場にもち込むことではなく、自分の中に明確な目的や意義を押さえて日々の教育実践に臨むことだと考えます。その際には、その基盤となる力が既存の教育課程（カリキュラム）のどこに含まれているのかを押さえておくことも重要です。

人生は問題解決の連続です。「イノベーションは、いま身の回りで起きていることに心を開き注意を払うことから始まるのだから、フューチャリスト（未来志向者）であってはいけない。いまの出来事に集中するナウイスト（現在志向者）になるべき」[10)]であるといえます[11)]。「今」を大切にしないと、結局は「後回し」が習慣になり、未来がやって来ないことになります。楽しく、全力で、協働的に、創造性を発揮して……という「今」が、まさに未来にどんどん進入していっている瞬間であり、「今」の態度が、すなわちそのまま未来の姿になるわけです。授業の終了時（すなわち開始時から見れば未来）には、そうした、今を全力で[12)]楽しんだ姿を実感的に振り返れるような授業をつくりたいと考えています[③]。

そのために、「『関心・意欲・態度』は学習の入り口であり、

---

③ 本節末のコラムに事例を紹介しております。

それに支えられながら調べたり、探したりするのに必要な学習能力が『思考・判断』であり、その成果として身に付けるのが『技能』であり『知識・理解』である」13) といった問題解決のサイクルを意識することが重要です④。その結果として、有機的な知識や技能が血となり肉となります。

④ もちろん、人間の行うことですから、常に同じパターンということはなく、様々な状況や展開が起こり得ます。こうしたことは、現在（第８・９次）の学習指導要領解説の「総合的な学習編」で掲出されている「探究的な学習における児童の学習の姿」の図でも同様です（【図１】参照）。

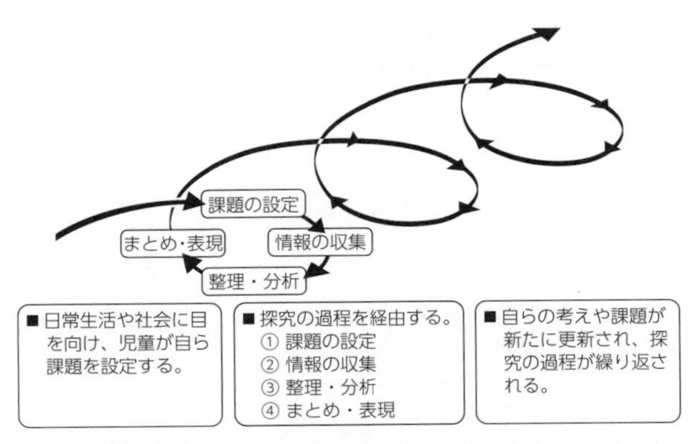

【図１】「探究的な学習における児童の学習の姿」とされる図
『学習指導要領解説 総合的な学習編』

ここに書かれている「探究の過程」では、「①課題の設定 ②情報の収集 ③整理・分析 ④まとめ・表現」とありますが、**「情報」は①③④のいずれの局面においても収集（②）する必要が生じる場合があると考えられます**から、それらの局面（例：③整理・分析の場面において、より適切な分析方法を知りたくなった、とか、④まとめ・表現の場面において、もっとデザイン性を高める技法を知りたくなった）において「今は情報収集の時間ではありません！」等の指導を行うような形で、あまり**杓子定規に運用すると、活動の硬直化や形骸化につながる可能性がある**といえます。

学校で学ぶことに十分に慣れていると考えられる「大学生（子どもではありませんが）」の場合ですが、彼らにとって価値や意義を感じる授業や活動が望ましく、大学における学習に学生が目的をもっている（必要性を感じている）場合は役立つ授業を行うこと、目的をもっていない場合は楽しい授業・活動を提供することの考慮が一つの指針になると考えられます[14)]。これを参考にするならば、子どもたち自身が必要性を認識していることについては役立つように、そうでないことについては楽しい授業を行うように、といった配慮をするとよいと考えられます。このことは、「主体性」⑤と大きく関わっています。

「楽しさ」⑥や問題が解決されていく喜びを伴った実感は極めて

---

⑤ 大学教育に関することですが、「そもそも文部科学省（筆者注：文部科学省「予測困難な時代において生涯学び続け、主体的に考える力を育成する大学へ」2012）が重視する主体的な学びには２つの意味があると考えられる。１つは授業の予習・復習を主体的に学んでいくことであり、もう１つは予測困難な時代においても自ら目標を立てて学んでいくことである。両者は類似しているものの、前者は与えられた課題に対する学習者の積極性が強調されていることに対して、後者は課題そのものを自ら設定する自律性が強調されている点で異なる。（中略）現在の大学教育では単位制度の実質化を目指し、前者が強調されている風潮がある。しかし、学士課程教育の質の保証のためには後者も重要である。なぜなら自分自身で目標を立て、学んでいくことができるからこそ、予測困難な状況であっても主体的に学んでいくことができると考えられるからである」という指摘（畑野快・溝上慎一「大学生の主体的な授業態度と学習時間に基づく学生タイプの検討」『日本教育工学会論文誌』37(1)、2013、p.15.）があります。**主体性**を**積極性**と**自律性**の二つの面から捉えてみると分かりやすく、評価も行いやすくなります（例：「本日習った漢字を百回ずつ書いてきなさい」という宿題が出された際に、きちんとこなしたり、さらに倍の回数を書いてきたりしたのは積極性といえますが、その字を用いた短文をつくってきた、字の形が似ているものを調べてきた、という自律性は、個性化に関わっても、大変重要なことであるといえます）。

⑥ 必要性という点では、何らかの利益を実感できるか、みんなにとってのよりよい環境につながるか、あるいは、楽しさ（学校における学習・活動では、通常はご褒美をもらえるわけではないため）を感じるか、ということが重要だといえます。

重要なことです。普段の教科の学習において、「百点を取る！」等の目標を立て（させられ）て、それが達成されないようなことが繰り返されたならば、「目標はただ単に掲げるだけのもの」という習慣や「学習の成果とは数値」という思考が身に付いてしまい、そこには内容に対する楽しさも達成感もないからです。

コラム

筆者（森）は中学校教員時代、技術・家庭科を担当していたことがあります（理科の教員でしたが、免許外の科目を担当することもあるのです）。技術科で木工に取り組んでいたときのことです。ベルトサンダー（電動のベルト式回転ヤスリ）で木材を仕上げる工程があり、その場面で「まったく指示も何もしていないのに毎年必ず行われる行為」がありました。それは主に男子が「ペーパーナイフをつくる」という行為です。授業として扱っている木材の他に、小さくて細い端材を見つけて、それにベルトサンダーをかけて、徐々にナイフの形にしていく……というものです。ベルトサンダーを用いれば、割と短時間でペーパーナイフが完成するのです。当時の私は「何となく毎年同じことがあるものだな」というくらいの印象だったのですが、これはよくよく考えますと「ベルトサンダーという短時間で結果が見える道具によって、試行錯誤や調整ができ、それなりに見栄えのする成果物が完成する」ということが要因だったのかなあと思います。つまり「短時間で試行錯誤を経験することができること」が大きかったのでしょう。その時間の正規の活動は「本棚づくり」などですが、本棚のパーツをつくるときは、手動のノコギリを使うため、それなりに時間がかかります。加えて、ノコギリを使うという作業は、子どもたちにとっては簡単な作業ではありません。ところがベルトサンダーに木材を当てていくと、割と簡単に、かつ自分で調整しながら形をつくることができるので、「自分にもできる」「かっこいいものができる」というのが子どもたちの制作意欲のようなものを刺激したのでしょう（ヤスリがけには、もしかしたら、子どもたちが普段は感じることのできない感覚があるのかもしれません。やっただけ「美しく・心地よく」なり、成果も感じられます。シンプルな作業ですが、失敗も少なく、指先の器用さも鍛えられて、誇らしい瞬間でもあり、子どもたちなりに有意義な活動であると感じるようです）。もちろん、ペーパーナイフといってもナイフですから安全への配慮は必要です。完成したナイフは教員側で丁寧に預かり、しかるべきときに返却するといった方法をとりました。
同じような話で、スチロール板を用いて「家の間取りを考えて、その模型をつくる」という教材を用いたことがあります。これも「簡単に加工できる素材であるため、試行錯誤を短時間で繰り返すことができる」ことが魅力的だったようです。この教材も技術科で用いたのですが、「子どもたちが授業開始前に、勝手に準備室からキットを出して、前の時間の続きを作成していた」ということがありました。当時の私は「面白い教材だったからそうなったんだな」と単純な感想をもっただけで、特にその要因の分析も行わなかったのですが、今考えてみますと「自分たちで簡単に試行錯誤ができる」というのが大きかったのでしょう。

1-2　総合的な学習

我が国は戦後以来の努力によって驚異的な経済成長を遂げ、物質的な豊かさを享受できるようになりました。しかしその反面、子どもたちのゆとりのない生活、社会性の不足や倫理観の低下、自立の遅れ、健康・体力の低下、学校生活への満足度の減少、過熱化した受験競争からの通塾率の増加等の変化や課題に際するようになりました。こうした状況確認の上で「これらの諸課題の根本的解決に向けた今後の教育はどうあるべきか」という投げかけがあります[15]。同様に「今日の学校教育の課題は大きく、重い。その克服はこれまでのやり方では、およそ不可能であり、新しい発想が求められている。すなわち、我が国の学校教育は大きな転換期にさしかかっているということである」[16]とも指摘されています。このことに関しては、さらに詳しく、以下のように述べられています[17]。

いま、学校が問われていることは、多くが認めるところであろう。改めて指摘するまでもなく、今日の子どもたちの実態は、深刻である⑦。その子どもたちを育てている学校は、これまでに経験したことのない困難な課題を背負いこんでいる。学校大変の時代だといってもよいのである。社会の変化に伴う様々な課題が学校にも押し寄せているのである。

こういった状況の要因として、以下のようなことが指摘されています[18]。

⑦ 著者は、いじめ、不登校、暴力等を指摘しています。

学ぶことに具体性が失われ、本物をしらないままに、事物・事象を認識するという事態に子供は追いこまれた（中略）結果、学びは「抽象的、受動的、暗記主義」の教科書を丸のみする以外に、その手立てを失うという姿が当然となってきた。

その学習には、学ぶ喜びは期待できないし、苦行と化し、機械的な暗記では身につかず、知識を生かす実践や行動の場もなく、ただ知識を頭の中に貯えて終わりという学習になったといいます。そして、「こうした学びの過程を再編するには、あらためて認識の出発点であり、土台となる体験の回復が不可欠になってきている」[19)]と指摘しています。

これらの指摘は、およそ「総合的な学習の時間」の平成10年改訂の第7次学習指導要領への掲出、そして学校現場で実施されるころに発行されたものです。本書は、それから20数年を経て（本来であれば、「総合的な学習の時間」がすっかり定着し、趣旨も浸透していると思われます）作成しているわけですが、ここで、「総合的な学習の時間」の導入期からの、その趣旨等について整理してみることにします。

総合的な学習のねらいは、「問題解決能力」や「学ぶ力」を身に付け、主体的に「生きる力」を育てること[20)]であり、また、「生きる力」とは、「知的には、過去の知識の記憶よりも

『自分で課題を見つけ、自ら学び、自ら考え、主体的に判断し、行動し、よりよく問題を解決する資質や能力』であり、情・意面では『自らを律しつつ、他人とともに協調し、他人を思いやる心や感動する心など、豊かな人間性』であり、さらには『たくましく生きるための健康や体力』であると規定」されていて、その育成が求められます[21]。なお、そうした力は、人々を取り巻く環境が変わっていく今後も重要であると考えられます。

先述の、いわば、学校における学習の大きな変化について、「どうすればよいのかという不安もあるかもしれないが、それ以上に学校教育の活性化を促す起爆剤としての期待が大いに感ぜられる」[22]として、その活性化の要因として、①「自己投入し、体ごとぶつかっていく活動的な学習の姿」、②「意欲的な学習のエネルギー」、③「子供主体の創造的な学習の展開」が挙げられ、そこには従前の教科等の学習には見られなかった子どもの姿を見いだすことができるといいます[23]。「変化の激しい時代を『主体的に生きる』には、この社会の現実をみてとり、自分の周辺の切実な課題に取り組み、判断し、行動し、その行動に自己責任をもつことこそ必要となる。学びは自己を確立し、自立を図るためにある」[24]のであって、「社会体験、観察・実験、見学や調査、発表や討論、体験的な学習、問題解決的な学習が積極的に展開できるように学習課題や活動を適宜設定する必要」がある[25]といえます。

また、「体験」については、「昭和40年代以降、子供の体験の喪失が顕著となってきた」[26]という指摘があります。そして、この体験は、「教科によって仕切られるものではない」[27]といいます。

さらに、「教科」については、〈2-1〉で後述しますが、「総合的な学習の時間」が導入された当時に、「教科」というものに関して、以下のような指摘[28]がありました。

> いま学校が問われているとき、学校のどこに問題があるかを見いだす重要な手がかりとなる。すなわち、問われている学校では、何がなされているかである。端的にいって、これまでの学校は各教科の教育が中心の学校なのである。各教科の教育が大部分を占めている学校が、いま問われているということである。では、これまでの教科中心の学校のどこが問われているのか、それをどう克服しようとしているのか。総合的な学習は、この伝統的な学校教育に対する問題提起なのである。

そして、そうした教科の問題点についても言及されています。

いま学校が問われているのは、この伝統的な分科の教育が問われていることに外ならないのである[29)]。

教科教育の課題のその一つは、各教科がそれ自体独立しているものであるかのように考えられ、他の教科等の教育とかかわりなく展開されるということである。教科の専門性⑧が強調され、教科は子どものためにあるというのではなく、まず、教科ありきという状況をつくり出してきたのである。そこでは、教科内容に強い教科プロが尊重され、それがひいては、教科エゴをつくり出していくのである。その二つは、分科の教育は子どもの側からの発想や社会の変化への対応に弱いということである[30)]。

各教科の内容は、教育の全体構造の中に正しく位置づけられてこそ、その効果を表すものであって、個々の領域の体系や系統性ばかりを追究していくことは、かえって全体的な構造を偏ったものにする恐れもある（後略）[31)]。

---

⑧「技能は高くなれば高くなるだけよい」というような暗黙の前提がありますが、そうした「専門性」に通ずることに終始するのではなく、教育活動には「目的・ねらい」が大切です。そうしたことを踏まえたとき、大学は専門教育ですが、その中でも教員養成に関わる大学においては「教員として子どもの教育に携わる」ことを考慮せずに専門性を高めることに留まってはならないといえます。

「総合的な学習の時間」は、「従前の各教科等が目指してきた子ども像とは異なる子ども像を打ち出している」[32)] のであって、子どもの立場からいえば自然体験であれ、社会体験であれ、総合的な活動であれ、各教科に分割できないものを含んでおり、また、現代社会の急激な変化は、従来の教科区分では対応できない課題を提示[33)] しています。そうした条件下においては、思い切って「活動それ自体を目標とする学習」[34)] を設定する形で子どもに時間を返すということも考えられます。

「総合的な学習の時間」における**内容**に関しては、当初、規定することは見送られました⑨。教育現場における、教わったようにしか教えられない、あるいは教科書がないと困る、といった風潮の有無は定かではありませんが、内容の例示があると安心（これも、先に触れた、教科の内容を暗記させていく教育観と関わりがあると考えられます）であり、「学習活動として『例えば、国際理解、情報、環境、福祉・健康などの横断的・総合的な課題、児童生徒の興味・関心に基づく課題、地域や学校の特色に応じた課題などについて、適宜学習課題や活動を設定して展開するようにすることが考えられる』と言及」[35)] されると、そうしたテーマ

---

⑨ 高浦勝義『総合学習の理論・実践・評価』黎明書房、1998、p.14. に、「この時間においては『各学校において創意工夫を生かした学習活動であること、この時間の学習活動が各教科等にまたがるものであること等から考えて、国が目標、内容等を示す各教科等と同様なものとして位置付けることは適当ではない』とされ、この時間の内容を規定することは見送られることになった」とあります。

ばかりが設定される様子が頻繁に見られるようになってしまいました。しかし、「『総合的な学習の時間』においてのみならず、この時間と他の教科等との連携においても、横断的・総合的に学習指導されるべきことが期待されている」[36]ことを念頭に置かなければなりません。例えば「総合的な学習の時間」で「環境」を課題とした場合、「とりあえず『環境』に関する知識を定着させることを目指す」といったことに留まらない活動の構成を行っていく必要があるのです。

なお、総合的な学習のタイプですが、以下のような３つが挙げられています[37]。

①関連・合科型：各教科等の内容で共通するものを関連させたり合わせたりして、それぞれの目標を達成する学習タイプ
②横断型：各教科等の学習内容や活動の中から共通する課題を取り出して、それらをまとめたり関連させたりして行う学習タイプ（いわゆる横断的な学習）
③総合型：各教科等の枠にとらわれず、子どもの願いや求めに基づく課題を設定し、追究する学習タイプ（いわゆる狭義の「総合的な学習」）

どのタイプによる学習を構想するかは、学校の実態により「①からスタートして、学校の年間活動計画の作成に伴って②

や③に切り換えを図るようにすることが望まれる」[38]とされます。本書では、すでに「総合的な学習の時間」が定着した（第9次学習指導要領の）現在であることと、しかし、ここまで述べてきたような趣旨が十分に踏まえられないままの学習となっていることがあった場合を想定し、一単元中にこれらを一通り含む展開を構想することにします。

ここまで述べてきた「総合的な学習の時間」ですが、第９次の学習指導要領では、**〈1-1〉**で触れた、これから先のどうなるか分からない世界を生き抜いていく力として、「『探究的な見方・考え方』を働かせ、総合的・横断的な学習を行うことを通して、よりよく課題を解決し、自己の生き方を考えていくための資質・能力を育成することを目指す」ことが明確化されました[39]。

しかし、そうした「総合的な学習の時間」ですが、もしもこの時間を「受験に直結する５教科の勉強時間に振り替えてしまおう」とか「何となく学校行事の練習時間に充ててしまおう」としたならば、それは「総合的な学習の時間」の形骸化を意味します。そして、そのような現状も見られることは否めません。

例えば、2016年に出版された『学問のしくみ辞典』という書籍[40]には「2002年に実施された（中略）『総合的な学習の時間』は教師のやる気や力量に左右され、児童生徒の相対的かつ絶対的な学力低下を招いたと批判され、10年ほどで終焉を迎えることとなった」という記述があります。この書籍の記述に基づくならば、一般社会の認識では2012年くらいには「終焉した」ことになります。もちろん終焉したわけではなく、現行の学習指導要領にも「総合的な学習の時間」は教育課程における活動の一つとして位置づけられています。したがってその記述は正しいとはいえないのですが、その一方で、先述のように形骸化している面もあることから、この指摘はある意味「当たらずといえども遠からず」といった面があります⑩。

それでは、「総合的な学習の時間」は、なぜ形骸化しやすい面があるのでしょうか。その理由を「学校現場の実態」と「教科教育の研究の視点」から考えてみます。

「学校現場の実態」から考えると、「自由度が大きすぎて、学校教育の実情に即していない面がある」ことが指摘できます⑪。「総合的な学習の時間」が創設された頃の学習指導要領[41)]では、

⑩「総合的な学習の時間」で子どもたちが文字通り「総合的な」視点から学習活動を行っていれば、「アクティブ・ラーニング」や「教科横断的な学習」といった語句がことさらにクローズアップされることもなかったのではないでしょうか。「アクティブ・ラーニング」や「教科横断的な学習」といった語句があえて記述されるということは、「総合的な学習の時間」が実際には「総合的」な学習として不十分な面があるということなのでしょう。なお、「アクティブ・ラーニング」は「アクティブラーニング」と表記されることもあります。「アクティブ・ラーニング」は教育行政で使用されている（されていた）、「アクティブラーニング」は大学等の研究者が用いている表現です。

⑪ 実際、このときの「総合的な学習の時間」については、現在のような「学習指導要領の解説書」は刊行されず、学習指導要領の総則の第３項に「総合的な学習の時間の取扱い」として記述された700文字ほどの情報がすべてでした。

「自ら課題を見付け、自ら学び、自ら考え、主体的に判断し、よりよく問題を解決する資質や能力を育てること」、および、「学び方やものの考え方を身に付け、問題の解決や探究活動に主体的、創造的に取り組む態度を育て、自己の生き方を考えることができるようにすること」が謳われていました。「自ら課題を見付け」ることは自発的な行為ですが、現実問題として、学校に通うすべての子どもたちが「総合的な学習の時間」になったら自発的に課題を見つけ探究を始めるという状況が実現されるためには大きな難しさが伴います。なかなか動きだせない子どももあると予想されますが、学校の教育活動としては、そのような子どもにも「探究」をするように働きかけなければなりません。教師は子どもたちの学びの環境を整えることに徹して、子どもたちが動きだすのを忍耐強く待つ、という在り方を徹底できればよいのですが、人的・時間的な制約もある中で、何とかして「探究」という自発的な行為を「させる」といった、矛盾ともいえることが求められたのが「総合的な学習の時間」でもありました。「総合的な学習の時間」が学校現場で正式に実施されたのは平成14年度（2002年度）からでしたが、その時点ではすでに学校現場の多忙化は指摘されていました[42]。各教科等の一般的な教育活動を行うだけでも厳しくなっている中で、それ以上に入念な準備が求められる活動が、自由度の大きい状態で導入されたのです。このような背景もあって、現在の「総合的な学習の時間」の内容は、「探究になっていない」という批判も受けつつ、「人員や時間などの制約の中でも、継続的な実施が可能な内容」に落ち着いている、というのが実情であると考えられます。

「教科教育の研究の視点」から考えてみると、研究の視点としては「目標」と「内容」と「方法」の３つが挙げられます[43)]。各教科の「目標」と「内容」は、学習指導要領等に記載されており、教科書もその記述に即した形で編集されます。各教科の教科書には、様々な教材が掲載されていますが、これらは学習指導要領の目標を達成するための題材として配置されています。例えば、小学校第４学年の国語でよく取り上げられる教材に『ごんぎつね』という物語があります。授業においては、この物語の内容をしっかりと読み取ることになりますが、背景としては「登場人物の気持ちの変化や性格、情景について、場面の移り変わりと結び付けて具体的に想像すること」という指導目標が意識されています⑫。このような背景があって「ごんや兵十の気持ちの変化や性格、情景について、場面の移り変わりと結び付けて具体的に想像」できるための要素が含まれた物語が題材として選ばれているのです。「何となく易しくて親しみやすいお話だから教科書に掲載した」ということではないの

⑫ 文部科学省『小学校学習指導要領（平成 29 年度告示）解説』東洋館出版社、2018、p.180.

です。

「方法」については、目標に基づいて選定された教材を具体的に子どもたちにどのように教えるかというのは教師に委ねられています。その「方法」を考えることが「教材研究」の重要な側面であり、指導計画の時系列での記述を伴って「学習指導案の作成」を行います⑬。同一の教材であっても、学校の規模や子どもたちの実態は様々ですから、指導の具体的な方法は現場の先生方に任せるのが最善といえます。これに応えることが「教師の専門性」です。「教材研究」や「学習指導案の作成」は、多くの時間と労力を要します。

基本的に「目標」と「内容」は、学習指導要領に即して編集された教科書に記載されていますので、教科書に基づいて授業をつくるときに教師が行うことは、「方法」についての検討です。しかし、「総合的な学習の時間」が創設された時期は、現在のような「学習指導要領の解説書」は刊行されず、学習指導要領の総則にいくらかの記述があったのみでしたので、「目標」と「内容」と「方法」のすべてを各学校で決めなければなりませんでした。このため、「先生によって捉え方が異なり、歩調が合わない」とか「担当の先生だけに多くの負担がかかる」と

---

⑬ 教員養成系の大学のカリキュラムで「指導案作成」の指導に多くの時間が割かれるのは、ここで述べたように「方法」の具体が教科書には書かれていないことも要因です。このことが教員志望の大学生に理解されないと、「教科書があるのになぜ指導案をつくらなければいけないのですか」といった疑問をもつ大学生が続出することになります。

いった問題が生じてしまうこともあったようです。これが例えば、対象とする子どもの数が各先生につき数人程度で、時間も弾力的（探究をする活動なのに、最初から「何時間かかる」と予定を組むことは現実的ではない）に使えればよいのですが、へき地・小規模校以外は、担任一人につき最大で40人もの子どもを受けもつことになります。そこに「先生によって捉え方が異なり、歩調が合わない」といった状況があれば、先生方にとっても「見通しがなく、ゴールも見えない時間」となります。先生方がそのような状況になれば、子どもたちはさらに見通しがもてなくなると予想されます。

第９次学習指導要領では「主体的・対話的で深い学び」というスローガンが掲げられているので、「どうやったら子どもたちが主体的に動けるのか」を考える雰囲気が多くの学校にはあると思われます。現在は、いくつかの課題はありつつも、全国の小学校・中学校で「総合的な学習の時間」が実施されています。子どもたちは「総合的な学習の時間」が時間割の中にあるという意識で学校に来ています⑭。しかし創設当時は、「総合的な学習の時間」という名称が示されても、「主体的に学ばせよう」という発想が共通のものにはなっていなかったといえます。そんな中で突然、「さぁ何か探究してみよう」といわれた

⑭ 高等学校では「総合的な探究の時間」という名称になっています。

子どもたちも戸惑ったのではないでしょうか。「総合的な学習の時間」の初年度は、筆者（森）は中学校教員だったのですが、最初の段階で「どんなことをする時間なのか」という趣旨説明をするのが非常に難しかった記憶があります。難しかった理由の一つとして、「総合的な学習の時間」の「総合的」というのが子どもたちにとって易しい語彙ではなかったこともあると思います（筆者・芳賀は、「自由研究のように自分が取り組もうと思ったことにたっぷり時間をかけて取り組む時間で、先生はできる限りの手伝いをしますよ」とさらりと説明しましたが、これは、へき地の小規模な小学校の勤務だったこともあって、先生方との共通理解が図りやすかったことや、先に註で触れた筑波大学附属小学校に、指導する同僚教員全員で視察に訪れたりして感覚も共有できたことが事情として挙げられます）。これを回避するために「総合的な学習の時間」に愛称というか別名を付ける学校もありましたが⑮、そうすると「ますます何の時間なのか分からなくなる」という困った話もありました。このように「趣旨や目標を共有しづらい印象をもたれる」ことが「内容」以上に大きな要因だったと思います⑯。

---

⑮ 平成10年（1998年）当時の学習指導要領の総則でも「各学校における総合的な学習の時間の名称については、各学校において適切に定めるものとする」ことが示されていました。

⑯ 学習指導要領に示された「各教科の目標」を教師や子どもが認識しているかというと必ずしもそうではありません。しかし、教科については「通知表に評定が数値で記載される」という、「現実的な文脈での分かりやすいゴール」があります（道徳については、数値化された成績としないのは、特定の知識や考え方のみを正解とすることの危険性が背後にあると考えられます）。「総合的な学習の時間」の場合は文章による評価（評定ではありません）」となっているため、この評価は実質的には子どもたちの

現在の「総合的な学習の時間」が本当に子どもたちの総合的な力を育み、総合的な育ちを保証できているのかというと、なかなか難しい現状があります。ただし、ここで強調しておきたいことは、このことは決して現場の先生方の問題ではなく、「予算や時間や制度の制約がある中で、他の業務とのバランスを考えていくと今のような現状にならざるを得ない」ということです。教育に限らず、どんな分野でも「原則と運用が完全には一致しないこと」がありますが、「総合的な学習の時間」もこれが当てはまるといえます。

「総合的な学習の時間」では、当初掲げた理念は適切であると考えますが、既述のように「目標」も「内容」も「方法」も学校に任されていたために、「活動」はできても「指導」にならなかったケースが見られました。そもそも子どもへの「指導」が成立するためには、教師側が「評価」の観点を事前に明確にしておくことが必要です⑰。そして「評価」の観点を明確にする

入試結果を左右するものにはなっていません。実際問題として教育的には好ましくないことですが、「文章による評価であるためにモチベーションが上がらない」という面もあるように思われます。

⑰「指導と評価の一体化」ということがよくいわれます。この表現自体は学校現場ではよく知られているものの、その意味するところが正しく理解されているかというと、必ずしもそうではないようです。教科の授業では、教科書があるので、なぜその学習が必要なのかが明確に意識されていなくても、評価の視点がなくても、何となく授業（のようなもの）をすることは可能です。しかし、教科書がない指導の場面、例えば、部活動や各種行事の指導の場面では、指導者に評価の観点がないと、子どもたちに指導することも、指導を改善することもできません。つまり「評価の観点をもっていないと、指導ができない」ということです。「指導と評価」はそもそも一体のものであって、「コインの裏表の関係」のようなものであるといえます。

ためには、「目標」も明確でなければなりません。しかし、「総合的な学習の時間」では「目標」は学校が定めることになっていますから、教師側に「評価」の観点がないまま（あるいは職場での共通理解が不十分なまま）、スタートせざるを得ない学校もあったと思われます。このように、「総合的な学習の時間」が困難であったことの原因として、「内容」や「方法」に関わることはもちろん、実は現場レベルにおいては「目標」が明確になっていなかったことが主要な原因だったのではないかと考えます。

それでは、学校では、子どもたちに総合的な力を育ませることはできないのでしょうか。実は、既存の教科の中でも**〈1-1〉**で触れた問題解決のサイクル等を考慮して組み込むことで、総合的な力を育ませることができると考えられます。既存の教科であれば、「目標」と「内容」は示されています。「目標」が示されていることから、教師側が「評価」の観点を事前に明確にすることができます。「内容」も示されているので、あとは教師側で「どんな『方法』で学習を進めれば総合的な力の育成につながるのか」を考えればよいことになります。「実務的に手が回らない」といった状況を回避することができるわけです。既存の教科の学習で「方法」を工夫することは、普段の教材研究として行うことができます。また、そうすることで指導のバリエーションが増えることにもつながるといえます。

ここまで整理してきたことを踏まえると、筆者は、〈1-1〉で述べた、「これから先のどうなるか分からない世界をみんなで生き抜いていくための人間としての力を育成する」ことを念頭に置いたとき、各教科はもとより、この「総合的な学習の時間」に大切に向き合っていきたいと考えるのです。

1-3　本書で取り上げるSTEAM教育

1-3-1　STEAM教育とは

OECDが2015年から推進しているEducation 2030プロジェクトでは、3つのコンピテンシーのカテゴリー（新たな価値を創造する力、対立やジレンマを克服する力、責任ある行動をとる力）が設定されています[44]。そのうちの一つである「新たな価値を創造する力」とは、獲得した知識を「未知な状況や変転する状況において適用するため」[45]に必要な力であるとされています。「獲得した知識を『未知な状況や変転する状況において適用』させて行動に移すことができるようにするため」[46]には、子どもたちが実際に複数の分野を統合的・横断的に扱う学習活動を経験することも求められます。その際、STEAM教育の視点を取り入れることが有効です。

STEAM（スティーム）教育とは、Science（サイエンス）・Technology（テクノロジー）・Engineering（エンジニアリング）・

Art⑱・Mathematics（科学、技術、エンジニアリング⑲[47]、芸術、算数・数学）の５分野を統合的・横断的に扱うことを志向した教育の考え方です（以降、それぞれ、S・T・E・A・Mと表記します）。生命科学分野に関わる人材育成をねらいとするものとして、米国を中心に推進されている教育の潮流の一つです。市民の全人的教育および創造的な労働力の育成をねらいとして推進されています。STEM[48]に続くSTEAM[49]教育では、個人の創造性を発揮するものとしてArtを位置づけている（Kwon et al, 2011）[50]ことからも、芸術と融合させた学習を構想することは、今後の学校教育におけるカリキュラム研究にも資すると思われます。文部科学省でも、「急速な技術の進展により社会が激しく変化し、多様な課題が生じている今日、文系・理系といった枠にとらわれず、各教科等の学びを基盤としつつ、様々な情報を活用しながらそれを統合し、課題の発見・解決や社会的な価値の創造に結び付けていく資質・能力の育成が求められて」いるとして、「STEM（Science, Technology, Engineering, Mathematics）に加え、芸術、文化、生活、経済、法律、政治、倫理等を含めた広い範囲でAを定義し、各教科等での学習を

---

⑱ ArtはArtsと捉える考え方もあります。〈2-4〉で詳しく述べます。

⑲「工学」ともいわれますが、本書ではエンジニアリングとします（後註47）で詳述）。しかし、他の用語が漢字２文字で表されているので、統一感を考えたとき、例えば「工」「慮」「操」等……といった漢字を活用して造語を考え出して充てることがあってもよいかもしれません。

実社会での問題発見・解決に生かしていくための教科等横断的な学習を推進」しています[51]。

ただし、これらは、**産業とも密接に関わっており、国の競争力を強化する**上でも、俯瞰的にものを捉えることのできる人材の育成と確保が重要であるとの認識がもたれています（「産業競争力懇談会」令和3年2月12日）。そうした中でSTEAM教育は「問題発見、課題解決、創造力醸成の要請に応える教育」であることから、そのプラットホーム構築の必要性が説かれています。新聞紙上でも同様の立場から「力を入れるべき」との論説が見られます[52]。我が国に限らず、そうした関心が「各国産業の国際競争力強化であることが多」[53]いといわれます。「スプートニク・ショック」の頃のように、国や大人の事情を子どもに下ろしてくる側面があるといえますが、本書では、そうした事情は頭の片隅に置きながら、あくまで「子どもたちの未来の幸せのために実践していく」という態度で臨みたいと考えています。

STEAM教育は、そもそも統合的な発想によって考えられているため、必然的に横断的な「見方・考え方」という発想に至り、現在はそれらを活用する教育方法・カリキュラムの開発にも関心が向くようになっています。

ただし、広く実践されているか否かはともかく、〈1-1〉で触れたように、合科的学習自体はかなり古くから試みられてきた古典的な考え方といえますから、これまでの限界を克服しようとするとき、また、新しいと思われるSTEAM教育に取り組むとき、実は一旦、デューイ等の教育学の古典に戻って参照しながら教育を見つめ直してみることも有効であるといえます。筆者はそうした立場から、音や音楽に関わる様々な合科的学習に取り組んできましたが、その一つとしてSTEAM教育に着目してきました。なお、総合的な学習として、すべての教科等ではなくSTEAMに関わるものに限定するのは、「あらゆることが含まれていることが望ましい」ということを前提としながらも、「実践的に活動を構成しやすくする」ことを重視したためで、総合的な学習としての趣旨が十分に達成されるという条件は外さないようにします。

STEAM教育を構成する5分野のうち、A（芸術）は後発のものであり、他の分野に比べると萌芽的な状況です。実践例は発表されていますが、現状では、「A」が「芸術」の中の「美術」を指すことが多いです。これは、工業デザインと関連があると推察されます[54]。また、Aについては、いわゆる「リベラルアーツ」として捉えられるという指摘があります[55]。実際、「リベラルアーツ」いう言葉は、ギリシャ・ローマ時代の文法、修辞学、弁証法、数学、天文学、音楽等といった学問に起源をもつとされています。しかし、STEAM教育におけるAについては、国内外ともにその定義は未だ定まっていません[56]（この点については〈2-4〉で後述します）。こういった背景があるものの、

STEAM教育におけるAは特定の学問領域に依存しない「資質・能力の育成の手段」としても有効であると考えられます[57]。

さらに、STEAM教育では、問題解決を試行錯誤しながら行う学習形態が重視されており、筆者はこのプロセスに着目することで、「未知な状況や変転する状況」において、子どもたちが身に付けた知識を適用する場面を生み出すことができると考えます。

1-3-2 A（芸術）と E（エンジニアリング）を重視する

本書ではSTEAMのうち、特にA（芸術）とE（エンジニアリング）の2つを重視しました。その際、「役に立つ」ということは確かに大切であるとは思いますが、むしろ、単純に「欲しい」とか「面白い」「希少性」といった、いわば、何らかの「意味がある」という、感性に関わる、「価値」ともいえる側面を重視したいと考えます。それが創造性を養う上で重要であると考えるからです。例えば、燃費のよいエコカーがあれば、当然それは有用、役に立ちますから、世の中にはそれだけがあれば実用上問題はありません。しかし、高級なスポーツカーが存在し、それを求める人がいることを考えると、両者は同じ自動車でありながら、まったく異なった意味があるといえます。

この「意味がある」が、A（芸術）とも関わると考えます。これは、「『意味がある』にいこうとすると、アート、直感、センス、質を上げる、個人の想い、ストーリーというものが大事になってきます」[58)] という主張からもいえることです。「『役に立つ』は、人工知能が得意とすること（中略）、『意味がある』のできる人間をどう育てるのか」[59)] ということです。

あるものが「役に立つか／立たないか」は、短期間では判断できないことがあります。例えば、ファラデー[⑳]が電気の実験について紹介しているときに、「それが何の役に立つのですか？」と聞いた聴衆がいたことは有名な話です（現代において「電気は何の役に立つのですか？」という質問は、まず聞かれないでしょう）。そうしたことからも、何かの価値判断をするときに「役に立つか／立たないか」**だけ**で考えることには慎重であるべきだと考えます。「役に立つか／立たないか」という価値観も教育上必要ですが、それに偏（かたよ）ると、多面的・多角的な思考がなされなくなってしまいます。そうした視点からも、教育の意義や役割を捉え直すことが求められているのではないでしょうか。

一頃、中学校数学の教科書で、二次関数の「解の公式」が扱われなかった時期がありました[㉑]。「自分はこれまでの生活の中で使ったことがない」という立場からの判断だったそうです

⑳ ファラデー（Michael Faraday；1791〜1867）は、イギリスの科学者です。ちなみに、当時は「科学者」という概念はなかったと考えられていて、当時の呼称は「自然哲学者」といいました。日本では、中学校理科で扱う「電磁気」や「化学電池」の分野での研究者として有名です。
㉑ 平成10〜11年改訂の第7次学習指導要領。実施は小学校・中学校ともに平成14年度。

が、その次の学習指導要領改訂㉒では「解の公式」が復活しました。日常生活で使わないとはいえ、さすがに「解の公式」といういわば「鍵（キー）となる概念」を欠いてしまうと、「数学を体系的に扱うことができない」という教授上の反省もあったのでしょう。実際、数学の歴史においては、「解の存在」や「解を求めるための公式の存在」について考え続けることで、関数の分野が発展してきた経緯があります。筆者（森）はこの「解の公式」がない時期に中学校理科の教員でしたが、同僚の数学教師は「生徒に考えさせようと思ってもその材料が乏しい」と嘆いていました。ここで重要なことは、「数学を体系的に扱うことが難しくなった」という、「学問」的な見地からの批判よりは、そもそも数学教育の根幹ともいえる「計算を支えている数理世界の秩序をより深く理解していくという、より知的で、より重要な教育目標」[60] と整合していないことであったといえます。目標としている「論理的に考える力を養う」ことと「生活の中で使ったことがあるかどうか」ということは、本来「どちらを重視するか」という対立の関係にはありません。しかし、前述のように「役に立つか／立たないか」という価値観が強く意識されてしまったのでしょう㉓。

㉒ 平成 20～21 年改訂の第 8 次学習指導要領。実施は小学校が平成 23 年度、中学校が平成 24 年度。

㉓ この、役に立つか否かということについては、芳賀均『改めてつくる音楽の授業』幻冬舎メディアコンサルティング、2023. でも触れています。どの教科にも同様のことがいえると考えられます。

筆者は教員養成系の大学に勤務していますが、このような話を大学や大学院などで紹介すると、学生・大学院生の方々は「そうだそうだ」と同意してくれます。しかし、その方々に古典的な文献を読むように指示すると「こんなのが何の役に立つのですか」といった言葉が聞かれることも珍しくありません。この「役に立つ／立たない」というものの価値判断はなかなか根深いようです。「役に立つ／立たない」という規準による判断は、思ったほど優れたものではないことを大人が認識し、学校でもそういったことを子どもたちが実感できるように考慮することも必要なのではないかと考えます。

こうして、「役に立つ」と「意味がある」との関係は、STEAM 教育における STEM の分野と A の分野との関係にも当てはまります。STEMの分野、特に S（サイエンス）（科学）、M（マスマティックス）（算数・数学）の分野での発展は、意味があるかどうかはその時点では判断できないことが多く、後から歴史的に評価されることも珍しくはないのですが、「いつか役に立つかもしれない」という共通理解はなされています。一方、A（アート）については、極論としては、現代においては「なくても生きていくことは可能」です㉔。しかし、歴史上、様々な音楽や絵画が時代によって宗教や文化

㉔ 子どもたちに、「リコーダー（縦笛）なんか吹けなくたって生きていけるよ。何の役に立つの？ どうして音楽なんか勉強しなくちゃいけないの？」と言われた、という話を現場の先生から聞きます。確かにごく一部の方を除いて、生きていくために直接的にリコーダーが必要になることはなく、ほぼ正論であるといえます。

とともに発展してきたことを考慮すると、A（アート）は「役に立つ」と並んで「意味」とともに発展してきたといえるでしょう。一見関係ないことのようですが、例えば、歴史の教科書などでは、歴史的な事件や出来事が絵画や音楽の形で残されていることは珍しくありません。絵画にメッセージなどの「意味」をもたせたり、音楽に宗教的・政治的な「意味」をもたせることは、歴史的な事実としてあまりにも当然なことですが、現在の我々が考えるA（アート）との向き合い方とは異なっている可能性があります。

現代社会は、音声や映像を簡単に記録して、一瞬で世界中に拡散させることが可能な時代です。そのような環境下では、絵画や音楽はA（アート）として認識されます。しかし、A（アート）が歴史上果たしてきた役割、つまり、政治的な役割や宗教的な役割をもってきたことを振り返ると、我々のA（アート）のカテゴライズは相対的なものでしかなく、昔の人たちにとってのA（アート）は「最先端のT（テクノロジー）（技術）だったと考えることもできます。古代ギリシャやローマでは、音楽と数学はかなり距離が近いもので、時代とともに徐々に分化していったことは「意外な事実」としてよく知られていることですが、M（マスマティックス）がT（テクノロジー）の背景にあることを考えると、決して「意外な事実」でなく自然な発想なのでしょう。したがってSTEMの論理的な側面と、A（アート）の直感的な側面を両立する塩梅（あんばい）、レシピの加減が様々に行われる活動を、幼稚園・保育所から高校までの教育課程で繰り返し展開することで、教科の枠を超えた学習が展開できると考えるのです。

このように考えてくると、「STEAM」という名称も、実は再考した方がよいのかもしれません。論理と直感がSTEMとA（アート）だとするならば（もちろんそればかりではありませんが）、「STEM-A」とか「A-STEM」という具合です。本書では直感を大切にして活動のベースにA（アート）を置きますので、「STEM／A」というのも考えられます（このことに関連しては〈2-4〉で詳述します）。名称のことはさておき、筆者は「直感」から出発したり常に「直感」で確認したりしながら分析的に追究・理解していく活動を目指すことにします。

我が国には、日本の誇るべき伝統文化というA（アート）、また、世界でも高く評価される職人芸という至高のE（エンジニアリング）があります㉕。それらを包含したSTEAM教育はよい「見方・考え方」になりそうです。「見方・考え方」は、各教科等に留まらず、例えばSTEAM教育を行うなら「STEAMの『見方・考え方』」があると考えたいところです。A（アート）が組み込まれて以降の「見方・考え方」については、STEMとA（アート）とを組み合わせたという発想のせいか、あまり指摘されていないように思われます。しかし、これでは限界があると考えます。本当の意味で混然一体となっ

㉕ 例えば、法隆寺は世界最古の木造建築といわれますが、そこには驚くべきほどの設計・施工上の配慮がなされており、これはまさにA（アート）とE（エンジニアリング）とが体現されているといえます。

ていないからです。分離量[26]的な足し算から脱却して、連続量[27]的な捉え方をしていく必要があると考えます。

「欲しい」とか「面白い」「希少性」といった「意味がある」というものを追求・追究する過程で我々は様々な問題にぶつかりますが、それを解決していくことが創造性と重なります。そして、達成に至れば、理屈では語れない喜びや満足感[28]、快感に浸ることができます。それがA（アート）を含むSTEAM教育のもつ可能性と考えることにしたいと思います。

こうした探究や創造ということに馴染む学習として問題解決学習が挙げられます。

ところで、その「問題」をどのように捉えるかについて考慮しておきたいと思います。「問題」というのは、研究の世界では探究すべき問い、いわゆる「リサーチクエスチョン(research question)」（〈2-1〉教科の話で後述）ですが、現実の世界では実践的な課題、つまり「プラクティカルなプロブレム

---

[26]「枚」「個」といった、区切りのある量。子どもにとっては、例えば「たこやき２分の１個」といった場合、「どちらにタコが入るか」とか、「1/2人」といった場合、「人間を半分にしたら死んでしまう」といった問題が発生する場合があります。割り算の学習等では留意が必要であるといえます。

[27] 分離量とは反対に、「L（リットル）」「g（グラム）」といった、切り分けても、合わせれば、また一つのものに戻るような量。

[28] フレデリック・ハーズバーグの二要因理論と関係がありそうです。「満足」と「不満足」は別次元にあって、不満足の原因をどんどん排除していっても、それは不満足でなくなるだけで、満足には至らないというのです。不満足、すなわち不具合を解消すれば便利になる、あるいは成績も上がるわけですが、そのことと満足（幸福感とでもいえそうです）とは異なる可能性があります。このことは、従来の教科教育における実感の薄さ（〈2-1〉で後述）と関係があるかもしれません。

(practical problem)」です。

リサーチクエスチョンとは、研究的疑問のことであり、先行研究を調査・検討し、「明らかになっていることとなっていないこと」を把握した上で、意義があるか否か等のいくつかの条件に基づいて追究される問題（問い）のことです。リサーチクエスチョンとして掲げる「問題」（問い）は、できるだけ大きな範囲を捉える、生活や社会との連続性をもった問いが望ましいと考えますが、それは生活と結びついていなくても成立するといえます。

一方、本書では、より具体的なプロブレムに立脚したいと考えています。それは、子どもたちには、常に活動を楽しんでもらいたいという思いがあるからです。筆者（芳賀）の身を置く音楽の立場からは、音の高さ（音高）[29]は、ある周波数（振動数）の音にラベルを貼ったもの、すなわちドレミ等の呼称を用いて音を捉えることが一般的です。一方、筆者（森）の理科の立場からは、音の高さは440Hzとか261Hzといった周波数（振動数）で表現されます。そうしたそれぞれの立場に固執すると、専門的になりすぎて、プロブレムではなく、クエスチョン、つまり「研究者」的な在り方になってしまいます。そうした２人の筆者が良好な協力関係で本書のSTEAM教育の実践に取り

㉙ 音が高いというとき、それが音量（音の大きさ）が大きいことやキンキンという硬い音（音質・音色）を指す向きもありますが、本書では、「音の高さ」については音高、つまり周波数（振動数）で表せるものを指します。

組むことができるのは、そうしたそれぞれの立場に固執していないからです。科学者であり優れた芸術家でもあるダ・ヴィンチのような巨人ならいざ知らず、私どものような一般の研究者が新しい教育実践に立ち向かい、切り拓いていくには、協力関係が重要です。しかし現実にはそれぞれが専門的すぎる、あるいは専門[30]という意識を強くもちすぎる態度がその障害となることを実感しています。

さて、問題解決に必要な技能（スキル）、それはあくまで手段ですが、それをきちんと積み重ねていくことが創造性には必要です。創造性は、単なるひらめきではなく、そのひらめきを実現に至らしめる手続きをきちんと積み重ねていくことです[31]。

OECDが2015年から推進しているEducation 2030プロジェクトでは、3つのコンピテンシーのカテゴリー（新たな価値を創造する力、対立やジレンマを克服する力、責任ある行動をとる力）を設定しました[61)]。そのうちの一つである「新たな価値を創造する力」は、創造性にあたるものであり、獲得した知識を「未知な状況や変転する状況において適用するため」[62)]に必要である

㉚「専門」という言葉が「学問的な各分野の内容」だけではなく「子どもの成長を視野に入れた総合的な捉え方ができること」といった意味でも普通に用いられるようになるとよいと感じています。

㉛エジソンが意味したところは、「いくら努力しても発想や考えがなければ徒労でしかない」だったようですが、「天才とは1%の天啓と99%の努力である（Genius is 1 percent inspiration and 99 percent perspiration.）」という言葉は、「努力の大切さ」を示したものとして紹介されることもあるようです。

とされています。したがって、これからの教育課程では、創造性の育成に着目した構成を意識することが求められているといえます。このことは、「今日的なコンピテンシーとして重視されているものに創造性がありますが、フィンランドでは、創造性の育成のために、ものづくりを中心とした芸術系教科の重要性に着目して多くの時間を割いている」[63] という指摘からも分かります。

本書では、生活との連続性を考慮した総合的な活動から、結果として、各教科の学びに還元されることを意図しています。

しばしば、理科の活動で観察画を描きます。例えば、チューリップの絵を描くこともあるでしょう。観察前には、いわゆるマンガのようなチューリップの絵を子どもたちが描くことが多いですが、観察後もその描き方に変化がないことがよくあります。そのようなとき、「花弁（はなびら）は何枚かな」「色は一色ではないはずだ」「葉っぱはまっすぐではないよ」といった指摘や指示をして描き直しをさせざるを得ないことがあります。しかし、本書のような活動を通して、そうした指示を行わなくても、きっちり観察して描くようになるということを期待したいのです。例えば、〈3〉および〈5〉の木琴づくりの活動を経験した後のタイミングで、学芸会の思い出の絵を描いたら、木琴（主にマリンバ）や鉄琴（主にビブラフォン）の共鳴管の長さも、カーブがちゃんと描かれるようになるかもしれません。それは、**身の周りの事物の見方が変容した**ということです。

音楽で楽器の演奏をする場合にも、楽器の構造に興味をもって、よりよい音の出し方を探る等の様子が見られるようになれば、勘を頼りにするだけよりもずっと効果的です。

このように、何となく見ていた身の周りの物の見え方が変わってくる、多様な視点・多様な立場等から物事を捉えられるようにしていくことが、これからの変化の激しい時代を生き抜いていく子どもたちを育てることにつながるのだと考えます。光や音による刺激を受け取る機能的な仕組み（目や耳の仕組み）はみんなに共通です。しかし、受け取った刺激を脳でどのように認識するのかは、その人の経験や知識などに大きく左右されるということです。我々は「光や音の情報は客観的なものである」と思いがちですが、それらの情報がどのように認識されているかは、人や集団によって大きく異なる可能性があるのです。学校教育の役割は、子どもがもともともっている視点や立場は尊重しつつ、それ以外の様々な見方や考え方を示し、選択肢を増やすことであると考えます。例えば、以下の【図2】のように、「等速直線運動している物体」と「静止している物体」があったとき、目で認識される情報としては「まったく別のもの」です。しかし、これを理科の視点があれば「加速度0という意味では同一」として認識できます。このような認識は、ガリレオやニュートンが「加速度」という要素を発見（ある意味

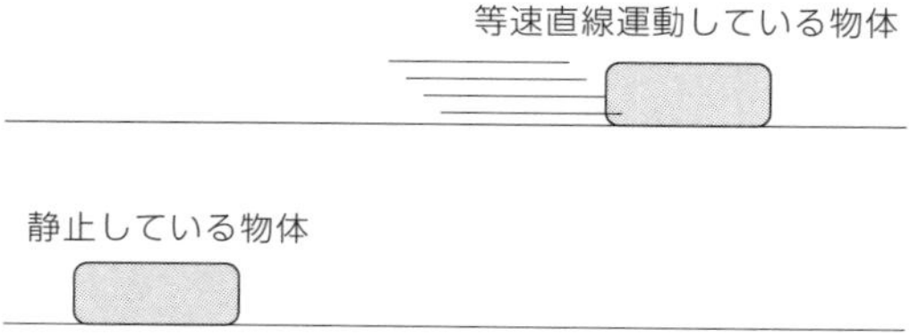

等速直線運動している物体

静止している物体

【図2】

「発明」ともいえます）したことで可能となりました。通常、「速度」は認識しやすいのですが「加速度」の認識は困難です[32]。ここに挙げたような「人類の知的遺産」ともいえる「認識の仕方」を次世代に継承していくという意味でも、学校教育のカリキュラムというのは、非常に重要なものといえるでしょう[33]。

---

[32] 現在であれば動画のスロー再生や加速度計によって簡単に「加速度」を測定したり比較したりすることができますが、ガリレオやニュートンの時代にそれらはもちろんありませんでした。「加速度」という要素に着目することができたのは、彼らの卓越した思考力が貢献していることは確かですが、同時に、「加速度」を測るための基礎となる「時間（秒）」を正確に刻むことができる道具の開発といったT（テクノロジー）やE（エンジニアリング）の発展も背景にあるといわれています。このようにS（サイエンス）は単独で発展するのではなく、時代のT（テクノロジー）やE（エンジニアリング）と影響を及ぼし合いながら発展しているといえます。つまり、STEM分野の発展によって人間の認識の在り方も変化しているということです。

[33] ここで挙げた「加速度」のように感覚的な理解が困難な内容は、一つの学年で扱ったからといって子どもたちに定着するものではありません。学習指導要領では、一見同じような教材が手を変え品を変えいろいろな学年でスパイラル的に配置されている例があります（理科の電気の内容など）。これは学習内容に焦点を当てた際に見られることで、音楽科では「単元」といわずに「題材」といってスパイラル的に学習する形がとられています。ただし「題材」は基本的には内容や材料的なことを指す用語で、「単元」が教材構成や学習の仕方、展開、経験といったものが有機的にまとまったものを指して、子どもの立場を含むため、次元的に異なります。しかし、これらは混同されて用いられていると指摘されています（西園芳信「音楽科におけるカリキュラム構成単位としての『題材』概念の考察」『日本教科教育学会誌』14(2)、1990.pp.29-36.）。

1-3-3　本書で考えるSTEAM教育〜その1

〈1-1〉で述べた「これから先のどうなるか分からない世界をみんなで生き抜いていくための人間としての力を育成する」ことは、すべての教科等で行っていくことになります。もちろん音楽でも取り組むべしということですが、音楽という教科は試行錯誤[64]を伴う活動に大変適しています。何といっても最大の特性は、「自分たちが行った試みのレスポンス」[65]が速く、しかもそこに快・不快が伴うことです。自分たちのパフォーマンスがすぐに結果として現れ、しかも何度やり直しても作品がだめになってしまうことはなく（水彩絵の具で何度も描き直したり、彫刻刀で削りすぎたり、ダンスを何度も踊り直して体力を大きく消耗したり……）、達成したら快感が得られるという点で、大変有利な教科であるといえるでしょう。この特性はSTEAM教育で重視する「問題解決を試行錯誤して行う」プロセスに有効であり、最大限に生かすことができると考えられます。

S（科学）では事実に基づいて合理的、論理的に思考します。一方、A（芸術）では、審美的、直感的（「非論理的」ということではありません）に判断します。これらは対立するものではなく、例えば音楽の授業においては直感からスタートして論理を活用しながら音楽の秘密を解き明かしていくような展開がよいと考えます㉞。

㉞ この点について、具体的な展開は、芳賀均『改めてつくる音楽の授業』幻冬舎メディアコンサルティング、2023.で触れています。実は、どの教科でも同様の展開が可能で、問題解決的な学習と重なると考えられます。

科学では自然現象を解き明かして説明しますが、そうした事柄に着目した背後には直感があったと想像できます。一見すると、直感は進歩を顧みていないように思われるかもしれませんが、むしろ、直感は根源的、あるいは、背骨のようなものであると考えます。推測ではありますが、科学につながる「見方・考え方」の根源には、直感があったと思われます。そもそも、自然現象に対して、「おや？」と着目・注目すること自体、まさに直感そのものである場合が少なくないでしょう。例えば、古代ギリシャやローマのリベラルアーツにおいて、音楽が数学と同列に扱われていたことには、瞬間的に試行できて、快・不快によって瞬間的に判断ができる、という音楽の特性が影響しているのではないかと想像されます。「何度も反復できる」という、「他の芸術分野と異なる特徴」が試行錯誤の回転率を上げ、数学的な理論の構築（理論の構築にも試行錯誤が必要です）に貢献してきたように思えるのです。

また、〈1-1〉で触れたような「楽しさ」や、楽しさに対する期待をもたずに活動するならば、受動的な学習になり、教師が間違いを黒板に書いても、そのまま信じ込んでノートに書き写すようなことになる可能性があります。しかし、直感と論理の混然一体となったSTEAM教育を構想するならば、例えばものづくりを通して、楽しく、科学的論理的な対話によって違和感や快・不快の理由を突き止め、結果、具体物も完成して活用

【表1】STEAM（STEM）教育の「7つの横断的な概念」

1. パターン（Patterns）
2. 原因と影響：機構と説明
   (Cause and Effect: Mechanism and Explanation)
3. スケール・比・量（Scale, Proportion, and Quantity)
4. 仕組み(系)とそのモデル（Systems and System Models)
5. エネルギーと物質：流れ・循環・保存
   (Energy and Matter: Flows, Cycles, and Conservation)
6. 構造と機能（Structure and Function)
7. 安定性と変化（Stability and Change)

A Framework for K-12 Science Education Practices、Crosscutting Concepts、and Core Ideas (2012)　※日本語訳は筆者（森）による。

されることによって、自身の成長を実感できます。

このことについては、「芸術の知」が「科学の知」と背反的な知の在り方として対立的、二元論的に捉えられるのではなく、影響し合っている両者のバランスの取れた育成が重要であるという見解[66]との重なりを見ることができます。そこで筆者は、現在、米国を中心に推進されているSTEAM教育の考え方に着目しつつ、芸術を基底に据えたいと考えました。

STEAM（STEM）教育では、教科横断的[67]に学習を進めるために「7つの横断的な概念」が提示されています。この「7つの横断的な概念」とは、【表1】のようなものです。

これらの概念は、様々な事象を統合的に見るために有効です。第9次学習指導要領に掲出されている「見方・考え方」に相当するものであると考えられます。

第9次学習指導要領では、「見方・考え方」は手段（ツール）とされています。手段（ツール）としての「見方・考え方」を具体的に展開していくことを考える際、このSTEAM（STEM）教育の「7つの共有する大切な概念」が適用可能であるといえます。例えば、「2. 原因と影響：機構と説明」は、理科実験のまとめの場面での活用が考えられるでしょう。ここでは、原因と結果を整理すること、つまり、結果と結論を区別して表現することが求められます。リトマス紙の色の変化に関する実験を例にとるならば、次のようになります。青色リトマス紙が赤色に変色することは現象、つまり結果であり、実験そのものの結論ではありません。この結果によって考えられること、この場合は「水溶液が酸性であると考えられること」が結論です。原因と結果、あるいは結果と結論を対応したものとして捉え、明確に区別して表現することが、理科に限らず、文章を書く際には求められます。ここで重要なのが「表現すること」であり、理科以外にも学校教育の様々な場で適用可能です。これは、人が考えていることは外部からは見えないため、それを何らかの方法で表現するということです。さらに踏み込めば、自分の頭の中で分かっているようでも、表現できなければ思考した証がないことを意味します。現在の資質・能力の考え方を踏まえると、「他人に伝わるような表現ができて思考した証が示される」といえましょう。

STEAM教育のA（アート）は、現在のところ、多くが美術を指しますが、音楽の活動では、（先述の通り）音の知覚から違和感にすぐに気付くことができ、何度でもやり直すことができる即応性・反復性があります[68]。これは、STEAM教育で重視する「問題解決を試行錯誤して行う」というプロセスに有効です。

これまで、学校教育における音楽については、評価の観点も異なっていた[69]こともあり、他の教科との共通点が見いだしにくい印象をもたれる向きがありました。しかし、ここまでに述べたことを踏まえるならば、学校の限られた時間の中で教科横断的に試行錯誤ができる学習を行うには、音楽が大きな役割を果たすことができると考えます。

学校現場では、例えば数学と音楽は対極にあるような感覚で捉えられています。実はこれは本書においては取り入れていない捉え方なのですが、学校現場では、各教科を「主要教科⇔芸能教科」とか「5（4）（5あるいは4）教科⇔芸能教科」といった区分けで呼ぶことが普通に行われており、さらには、音楽は「副教科」であるという表現も珍しくありません（一般に技能教科・実技教科とされる音楽科は、副教科と称されることもあります[35]。例えばリコーダー（縦笛）の演奏の技能は、それを専門とする等の一部の人を除けば、生活においてはほとんど活用されないでしょう）。一般的にも同様の感覚なのではないでしょうか。しかし、よくよく考えてみますと『学習指導要領』には「主要教科⇔芸能教科」とか「5（4）（5あるいは4）教科⇔芸能教科」といった表現はどこにも書かれていません。であるにも拘わらず、何の疑問もなくこのような呼び方がなされています。これは、不思議なことである一方、我々の頭の中にあるイメージをよく表しています。「隠れたカリキュラム」[36]という言葉がありますが、この「主要教科⇔芸能教科」「5（4）（5あるいは4）教科⇔芸能教科」といった区分けは、その最たるものだといえます。

どのような教科であっても、その学習に取り組むのは一個の人間です。脳は一つしかないにも拘らず、むやみに分離させた状況をつくりだすことは望ましいとはいえません。様々なことの関連や共通点が常に意識されることが重要で、その結果、各

---

[35] 高校受験を控えた中学生向けの学習支援サイトには、「実技教科は『副教科』とも言われます。『副』なんていう字がついていると、何だかほかの５教科（筆者注：国語・英語・社会・数学・理科）の方が大事な気がしてしまいます」という表現に続き、高校入試における「内申点」に影響を及ぼすことから、「あなどってはいけません」と書かれている。このことから、音楽科が教育現場において必ずしも重視されていない可能性があることが推察される。「油断大敵！実技教科の攻略法」『ベネッセ教育情報サイト』参照。
https://benesse.jp/kyouiku/201506/20150624-7.html［2020.9.24.10:47 閲覧］

[36] ヒドゥンカリキュラムともいい、指導計画のように明文化されていないものの「暗黙の了解」のようになっている、いわば「しきたり」のようなもの。

教科等独自の見方・考え方によって抽出された相違点にも気付くことになるといえます。

例えば、数学の「三角比の表」。この表自体は数学ではなくE（エンジニアリング）です。そして、音楽の「楽譜」もまた「音楽を記録するためのもの」であり、これ自体は音楽ではなくエンジニアリングです[37]。一口に「数学の教科書」といっても、その中にはM（マスマティックス）の要素のみが書かれているわけではなく、E（エンジニアリング）の要素が入っていたり、A（アート）の要素が入っていたり、時にはS（サイエンス）やT（テクノロジー）の要素があるわけです。「音楽の教科書」も同様で、A（アート）の要素のみから構成されているのではなく、M（マスマティックス）の要素があったり、E（エンジニアリング）の要素があったりするわけです。

また、「楽器」は究極のエンジニアリングでありテクノロジーであるといえます。音階による規格化が厳密になされているおかげで、メーカーの異なるピアノであっても同じように演奏可能です。そもそも楽器は紛れもなく工業製品であり、JISマーク（【図3】参照）が付けられています（しかし音楽業界では、そうした表現「工業」にアレルギーがあるのも事実です）。そして、その規格化を維持するための調律という仕事も存在します。音楽の表現は自由であることが多いですが、その自由な表現を保障するための理論や規格があるわけです。数学も同じような構造で

㊲ 楽譜があることで、音楽の表現が再現できるようになりました。再現力、復元力をもったことでA（アート）としての音楽にE（エンジニアリング）の要素が入ってきたといえます。

【図3】

す。加減乗除が成立して、既存の数学の体系（いわば「規格」です）において矛盾なく適用できれば、たとえそれが具体的にイメージできない突拍子もないアイデアであったとしても、一つの思考の道具として価値をもっているのです㊳。負の数、虚数（2乗して－1になる数）、対数……など、数学全体の体系（規格）にフィットするので、道具として自由に使うためのものであるといえます。決して、学生を困らせるために存在するものではないはずです。

そのような視点で各教科を見ると、教科というのは何も「昔からある固定された枠組み」などではなく、「暫定的な産物」であるといえます。時代が変わったら、あるいは、時代が変わらなくても見方を変えれば、新しい教科が生まれるかもしれません。

㊳ 算数・数学が抽象的なのは、特定の対象をさばくものでなく、日常や科学、技術的な世界のことを測定したり計算したりするためのもの、いわば道具（ツール）だからです。

以上、第１章では、学校の学習・活動に求められる「これから先のどうなるか分からない世界をみんなで生き抜いていくための人間としての力を育成する」ことや、それに好適であると考えられる総合的な学習、そして、それに馴染むと考えて筆者が着目してきたSTEAM教育について整理しました。次章では、そもそも「教科」とは何か、STEAM教育の活動や教材をどうやって構想していくかについて、考えていきたいと思います。

2

実践を構想する上で本書において踏まえること

2-1 「教科」というもの

〈1-2〉で少し触れましたが、音というものの捉え方は、音楽と理科とでは異なります。音の正体に関する学習は、音楽ではほとんど触れません㊴が、理科では扱う場面があります。しかし、「音の正体」といっても「音の高さ（音高）・振動数（周波数）」について扱うのみで、音色（波形）については触れません。また、関連させて「光の学習」も同時に行います。音と光は性質的にも、そして生活の実感的にもかなり異質なものですが、「波長」や「振動数」という共通点があるために同単元で扱われています。その一方で、「光の波長」と「音の波長」は、そのスケール（桁数）が違いすぎることから、物理の概念としては同一に扱うことはできても、子どもたちの生活のスケール感の中では「同じ現象」として捉えることは難しいといえます。このような実態を踏まえると、同一の単元に含まれている以上、例えば「エネルギーを伝える」[70)]といった共通の性質に着

㊴ 音楽は音を対象、媒体、題材等々にする教科、すなわち、音を扱う教科です。であるにも拘わらず、音そのものに関する学習は十分であるとはいえません。例えば、異なる材質の物体から発生する音は、多くの場合、異なった音色を呈しますが、音楽という教科においては、「フルートの音色」「ヴァイオリンの音色」という具合に楽器等の名称で表すことが中心となっています。なお、この「音色」という用語は、「ねいろ」と読むことが基本ですが、音と少し深く関わっている態度を示す際には「おんしょく」と読むことがあります。ピアノの「ねいろ」のうちでもＡ社とＢ社では「おんしょく」が異なる、等の使い方ですが、これらは相対的なもので、示す階層が人によって異なります。

目させて、新しい学習を生み出すようなことを模索する必要があるでしょう。

我が国で「教科」というときには、大きく2つの見方が提出されてきました。それは「一つは戦後の新教育の影響を強く受け、このもとで教育の目標を達成するための経験の組織が教科であるといった児童中心の見方を提出したような教科観であり、他は、むしろ大学で行われている学問研究なり科学研究に範を求め、これを高等学校→中学校→小学校に下ろしてくることこそ大事だとする大人中心の教科観である。子ども中心か大人中心かによって“教科”の見方なり在り方は大きく変わってくる」[71] というものです。おそらく、ほとんどの場合、「教科」とは後者で設定されているものといえます。

我々は現在を生きています。ところが、従来はどちらかといえば内容の「過去性」、あるいは、すでに研究され蓄積されてきた結論としての知識（広くは文化遺産）が重視されてきたのではないでしょうか。こうしたことから、「子どもはそれらの内容を過去のものとして、自分とは関係のない、あるいは薄いものとして、それらを次から次へと暗記していく。そしてその結果はといえば、ゆとりのない学校生活、生活と学校との二重生活、知識と行動の乖離等」[72] につながっていくような「教科」の学習になってしまっていることはないでしょうか。

また、折しも、平成29年（2017年）に高等学校生物で扱う用語について、「扱う用語が多すぎるので精選すべき」という提言が日本学術会議からなされ、平成30年（2018年）に文部科学省から500〜600語数程度にすることが示されました㊵。科学や学問が発達していくと、それに関わる事項もどんどん増えていきますが、それをそのまま教育課程に下ろしていくと、確かに高校生もパンクしてしまいます。

そして、こうしたことにあまり疑問を感じないのは、「小学校入学の早い段階からいきなり分科・専門化した内容の学習がスタートする。しかも、子どもは、それぞれの境界なり分科の必要なり相互の関係がつかめないままに、初めから『そのようなもの』として、内容を次から次へと、個々別々のものとして学習しなければならない。（中略）だから、子どもにとって、学校は最初から自分の生活とは離れたことを学ぶ特別な場所とならざるを得ない」[73)]という事情に起因するのではないでしょうか。**〈はじめに〉**で少し触れた幼稚園・保育園の子どもたちにとっては、小学校入学時に大きなギャップにぶつかるということが理解できます。

各教科等の「見方・考え方」、というのは、大人の設定した学問的あるいは学術的なものです。これによって、各教科等の特有の知識や技能が抽出され、文化遺産（先人の知恵）となりま

㊵『高等学校学習指導要領（平成30年告示）解説』文部科学省、2018、p.23.

した。それ（結果）をひたすら子どもたちは暗記している、すなわち断片的な知識・技能の習得に終始しているというのが、現在の学校の学習の多くの場面です。様々な事象を「○○的（科学的とか音楽的等）に掘り下げることができている」と子どもたちに実感させることにはなっていません。「子どもたちがその知識を学ぶ際にも、そのような『見方・考え方』を働かせて、その知識に彼らがたどり着くように、授業を設計するのが望ましい」[74]といえます。

変化の激しい時代に対応した教育とか総合的な学習、生きる力などといわれたときに、一方では、専門化した個々の内容を知識として身に付けて、テストで再現することによって成績や進学、就職までもが決定されることが少なくない現実があります。しかし、そうしたテストのための学習も「文」ですが、これから先のどうなるか分からない世界をみんなで生き抜いていく力を養う学習もまた「文」です。「文武両道」ならぬ「**文文両道**」を考慮した学習の時間を教師もともに歩んでいく意識が求められるのではないでしょうか。

ところで、「各教科等の特質に応じた『見方・考え方』」ということがいわれるようになりました。「振り子」を例にとると、「見方・考え方」は次のように考えることができるでしょう。ぶらぶらと揺れている物体を見たとき、「理科」的な「見方・考え方」で捉えたならば、それは「左右に動いている」という認識になります。これを「音楽」的な「見方・考え方」で捉えたならば、「ゆったりした（あるいは速い）テンポだ」という認識になります[75]。

音楽的な「見方・考え方」によれば大変美しいオペラも、道徳的な「見方・考え方」からは問題のある物語となるかもしれませんし、大変美しい建築物は、美術的な「見方・考え方」によれば素晴らしかったとしても、科学的、あるいは工学的な「見方・考え方」からは安全上問題のある構造物と認識されるかもしれません。

このように、ある現象に対して、その教科特有の「見方・考え方」で活動し、捉えた結果、その教科特有の知識や技能が抽出される[76]わけです。文化遺産の伝達を唯一の価値観として教育を行うならば、そうした「結果」である知識や技能を子どもたちに注入していくことが主目的となるでしょう。

また、「見方・考え方」は「手段（ツール）」ですが、「見方・考え方」を「教えて」しまうと、「見方・考え方」が「目的」になってしまうのです。教えたからには、テストを行うことになります。その結果、点数が取れるように教えるべきもの、というふうになってしまうからです㊶。

㊶ しばしば、「思考力を評価するための記述問題」が入試などに出題された直後、受験対策の問題集等で「よく出る記述問題」のような形で流布されることがあります。出題者が「思考力を見たい」と思って作問をしても、結局は「暗記でカバーできるパターン問題」（これでは「思考力」ではなく「知識」です）というカテゴリーで捉えてしまうのです。

この「見方・考え方」は、算数・数学では、解き方や性質に相当することがあります。その場合、算数・数学の授業で「見方・考え方」を最初から直接提示してしまうと、子どもたちが得るべき気付きや解き方を最初から教えてしまうことになります。例えば、「2つの数の関係を探ろう」といったならば、比例等の関係があることが予め分かってしまいますし、「この問題は直角三角形が含まれているから三平方の定理を使います」といったならば、あとは単に「数字を当てはめる作業」になってしまうでしょう㊷。子どもたちが目の前の問題に対して、自分で既存のものを組み合わせたり、適用したりして働きかける中で思いつくからこそ意味があり、そこが算数・数学的な「見方・考え方」であるわけで、それを授業で天下り的に伝えてしまうと、「授業」は成立しているように見えても、「見方・考え方」の意義が伝わらないのです。教師の専門性や意図的な授業設計が求められる理由はここにあるのです。「教育学には、コンテンツ重視の系統主義とコンピテンシー重視の経験主義の対立という頑迷で厄介な図式がある」ところですが、この図式を軽々と乗り越える潜在的な力がある[77]「見方・考え方」を生か

㊷こうしたことは、一般の新聞記事にも見ることができます。芳沢光雄「算数指導に見える課題」『日本経済新聞』(48927)、2022.6.7、p.31(第12版)には、大学の講義で、数学的だが誰もが試行錯誤で解ける問題を出した際の学生の反応について書かれていますが、「昔は『いま考えているから答えは言わないでください』と学生が怒る場面があった。現在では、ものの1分も経たないうちに『答えの導き方を教えてください』と質問する学生が目に付く」というのです。

していきたいと考えます。この世の事象を、様々な角度から分析的に捉えるうちの、ほんの一つの視点が各教科等の「見方・考え方」であり、それらをできるだけ多様に、また、組み合わせたり、いくつかを統合してみたりしながらもつことが重要であると考えます。

2-2 文脈とは――教科教育がもつ文脈・日常生活における文脈

次のようなご経験はありませんか？

例えば、カプセルトイ等、何かの場面で小銭が必要になったとします。財布の中には紙幣しか入っていません。「小銭をつくるためにコンビニエンスストアで何か買おう」と思って入店し、様々な商品を眺め、とりあえず缶コーヒーをレジに持ち込んで、いざ支払いです。そこで、「小銭いらずでカンタン！」というポップが目に入り、いつもの習慣でついスマホ決済――店を出てから、はっとする……。これは「文脈依存」の一つの例です。

つまり、大きな目標、この場合「紙幣で買い物をして小銭をつくる」という「達成すべき目標」があるのに、いざコンビニエンスストアの中に入ってたくさんの商品を目にしているうちに、「小銭を獲得する」という目的がどこかへ飛んでいってしまい、「どんな商品を買うか」という「行為の遂行」で頭が一杯になってしまうのです。そこに飛び込んできた「カンタンな決済」を示すポップも相まって、コンビニエンスストアという「文脈」が強くなりすぎて、「店内における行動の最適化（店内で効率よく買い物を済ませる）」に思考が集中し、「最適な支払い方」→「スマホ決済」という思考になってしまったのです。

実は、各教科では、学習者に無断で場面設定をしていて、それに従うことを強制している面があります。すなわち、先の例でいえば、子どもたちにとっては「小銭をつくりたい」にも拘わらず、「店内で効率よく買い物を済ませる」ようにさせるようなことです。

音楽においては、例えば、ある楽曲を演奏することを通して、音楽のよさ等を味わうことが求められるところ（その方が子どもたちも楽しんだり感動したりできる）を、単に間違わずに楽曲を演奏することが要求され、実技テストが課されるような状況です（音楽に関する具体的なお話は――芳賀均『改めてつくる音楽の授業』幻冬舎メディアコンサルティング刊――を参照してください）。

さらに具体的な例を見てみましょう。

次の【図4】のような問題が中学校３年生の数学に見られます。

これはどんなことをさせたい問題なのでしょうか。「接線を引かせる行為の優劣」を評価したいわけではありません。数学の先生方によると、この問題の趣旨を理解できない子がいるそ

点０を中心とする円に
点Ａを通る接線を書きなさい。

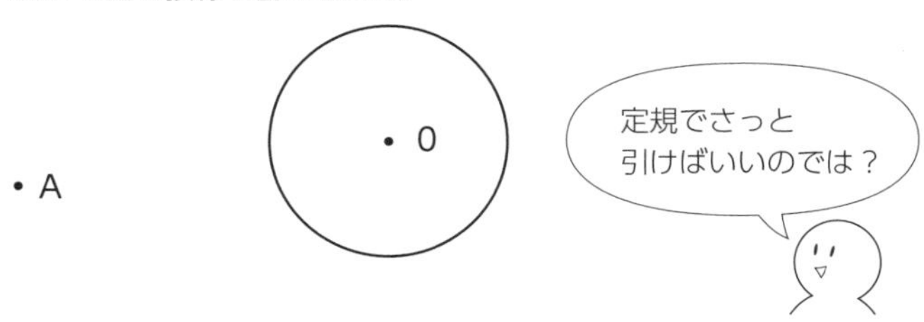

【図4】円にある１点から接線を引く問題（中学３年数学）

うです。この問題の趣旨はもちろん「定規で接線が引けるかどうか」ではなく、「円に対する“接線の定義”を理解しているか」です。「定規で接線が引けるかどうか」という技能はE（エンジニアリング）ですが、ここで求めていることはM（マスマティックス）として「円に対する“接線の定義”を理解しているか」です。教師側はE（エンジニアリング）とM（マスマティックス）の違い（いわば場面設定のようなものです）を無意識にするのですが、E（エンジニアリング）とM（マスマティックス）の違いを感覚的にできてしまう生徒もいれば、そうではない生徒もいます。「エンジニアリングとして接線を引くこと」と「数学として接線を引くこと」との違いを教師側が示す必要があります。

この問題では、作図させることを通して「円の接線の定義」が理解されているかどうかを評価したいわけです。「円の接線の定義」（円周上の一点を通り、かつ円の中心から引いた線に垂直である）を理解するためには「円周上の一点」「円の中心」といった

「条件を構成する要素」や、「垂直」といった「条件」に着目する必要があります。これらのことが念頭にあるかどうかを評価するために、採点者は「作図に用いた線」を見るわけです。ちなみに「作図に用いた線を残すこと」は、作図において必ず指導されることですが、「なぜ残すのか」については、しばしば軽く扱われることもあるようです。その要因として、「教師は自明のことだと思って軽く扱い、生徒は解答としての作図の仕方にしか興味を示さない」ことが考えられます。採点者は、「問題の背景が分かっているかどうか」を「作図に用いた線」を見ることで確認します。しかし、生徒は「正しい作図の手順」に注目する傾向があります。中学校の基本的な問題の場合は、**問題の背景を考えなくても、典型的な問題練習をドリル的に繰り返すことで「正しい作図」ができてしまう**のです。「作図に用いた線を残すこと」は、「試験のときのルール」といった捉え方をしている生徒も少なくないでしょう。この問題では問題文が「円の接線を引きなさい」とシンプルであるために、「指示された行為と評価したい内容の乖離」が顕著に現れているといえます。

同じような例をもう一つ挙げてみましょう。高校の数学で「$\sqrt{2}$（ルート2）が無理数であることを証明しなさい」という問題があります。これについても、問題の趣旨を理解できない生徒がいるといいます。「ルート２ってそもそも無理数をルートという表記を使って書いているのだから、この問題おかしくないですか？ルートっていっている時点で無理数ですよね……」という雰囲気が一部にあるそうです。確かにこれは「国語」の立場からは間違いではありません。「地球は球形であることを示しなさい」と言われたとき、「そもそも“地球”って“球”の文字が入っていますから球形ですよね」と返答することが可能です。

この問題は「有理数と無理数の定義について理解しているか」、そして「背理法を使った記述ができるか」が指導のポイント㊸ですが、さらにその前提となる場面設定、この場合は「国語ではなくて、数学（M（マスマティックス））の立場で問われている」ことを共通理解させることが大切です。前出の「円の接線」と同様に、非常に有名かつ典型的な問題ですから、生徒が問題の背景を考えなくても、典型的な問題練習を「作業の手順」として繰り返すことで「正しい解答」が書けてしまいます。そして、この「作業の手順」には、高校数学の、ややテクニカルな書き方の作法も存在するので、ますます中学校の数学に比べると教科

㊸ 背理法とは「ある命題を証明したいときに、その命題が成り立たないと仮定すると何らかの矛盾が出てしまうことを示すことによって、もとの命題が成り立つと結論する証明法」（硲文夫「帰謬法（背理法）」川又雄二郎・坪井俊・楠岡成雄・新井仁之編『朝倉 数学辞典』Web版、2016、https://japanknowledge.com/lib/display/?lid=58015C053［2022.10.12.17:35閲覧］）です。本文の「$\sqrt{2}$（ルート2）が無理数であることを証明しなさい」は、背理法の典型例として扱われることが多い問題です。この問題については、「$\sqrt{2}$（ルート2）が有理数（n/mの形に書かれる数；ただし、mを0でない整数、nを整数とする）である」と仮定したときに生じる矛盾を示すことで、間接的に「$\sqrt{2}$（ルート2）が無理数であること」を証明する形をとります。

教育の文脈の強制が起きやすいといえます。

ここまで述べてきたことを踏まえると、各教科における「問題」を解くときは、具体的な解き方の指導の前に、「この問題をつくった人は、どんなことを解答者に求めているのか」について考える習慣をつけていくことが有効であるといえます。そのためには「教師の役割」、さらにいうならば「各教科の背景を理解している教師」の役割が決定的に重要になってきます。

背景を理解するとは、例えば、教科書に書かれている基本的な語句の「定義」を考えてみることもその一つです。例えば、「円周率とは何ですか」と問うと、大人や大学生でも「3.14です」と答える人が少なくないようです。しかし、これは数値を言っただけで「問いに対する答え」にはなっていません。「円周率はいくらですか」という問いであればよいのですが、「円周率とはどのようなものであるか」の答えではありません。解答例としては「直径と円周との比」といったものが挙げられます。この問いについては、「率」という語句に着目し、算数のスタンス（STEAMではM（マスマティックス））において「円周率」が「直径と円周との比」であることを認識し、それが理解されたならば、数値自体は状況によって3でも3.14でも3.1415でもよいといえます。この数値の扱い方はE（エンジニアリング）の観点になります。ちなみに四捨五入は「実用性」を重視したものであることからE（エンジニアリング）の手法です。

平成14年（2002年）度実施の小学校学習指導要領（平成10年・第7次）で「円周率が3になった」という言説が流れ、「問題ではないか」という形で、ゆとり教育[44]に関する論議と相まって大きく騒がれました。そもそも、〈1〉で触れたことと同様に、コンピュータとともに生きていく時代において、人間としてどのようにそれらと接していくのかということが視野に入っていなければならないわけですが、そうした観点からは、「もしも計算機（電卓）のキーを押し間違えたときに、「あれ？　何か答えが変だぞ」と直感的にピンとこなくてはいけません（10×10×3.14が314のところを、機械的に計算する子どもたちは、しばしば小数点を打ち忘れて31400とすることがあります。教室内での計算練習ならともかく、これが会社の送金等の操作であったなら、大問題になってしまいます）。そのために円周率をだいたい3として見積もりをつけてから計算、あるいは計算機に入力するのであって、「六角形の面積と同じになってしまう3でよい」という意図があったわけではないのです。「正確な数値」そのものは様々なツールで算出することができますが、それらを活用する前提として「答え

---

[44] ゆとり教育の本義は、暗記に全力を傾ける詰め込み教育ではなく、覚えることを減らすことによって生じる時間的なゆとりを、「じっくり考える」ために振り向けるということです。しかし、社会情勢（働きすぎの改善、経済対策等の諸事情でしょうか）と相まって混同され、「とにかく勉強量を減らす」ように捉えられてしまったようです。名称を「ゆとり」ではなく「じっくり考える教育」とでもしておけばよかったのかもしれません。直感で捉えたことをじっくり論理的に考え、さらに深めて明らかにしていく。実は、そう考えると「円周率が3云々」というのは、STEAM教育のA（アート）の先取りとなり得たのかもしれません。

の見積もり（概算）」[45]がないと、「ツールにセットされた計算式が間違っていること」にも気づけない、つまり、「メタ認知的な学習」にはなりません。そうなると、実質的には「ツールに使われる」「ツールに振り回される」ことになります。数学教育では「確率の問題で、平気で１以上の数値で答える生徒がいる」ことは、昔からよく指摘されています（確率の最大値は１、すなわち100％です。「200％あり得ない！」等の表現は、文学的な表現です）。

また、ここには、「M（マスマティックス）とE（エンジニアリング）の立場の違い」の問題も含まれているといえます。M（マスマティックス）の立場でいえば、数値そのものは本質的な問題ではなく、「円周率の意味」の理解が重要になります。E（エンジニアリング）の立場でいえば、「時と場合に応じて適切な位取りで数値を用いること」が重要になります。ですから、場合によっては上述の通り、「円周率を３として、概算できること」が重要になるときもあります。先にも述べましたように、人はどうしても具体的な情報に引っ張られるので、「円周率が３になった」という話題になってしまうことがあります。しかし、あくまで、そういった「具体的な情報」の背後にある「抽象的な理解」、言い換えるならば「現象」の背後にある「本質」が重要です。ここで「抽象的な理解」や「本質」につながるの

[45]「（前略）技術屋からすると、『倍・半分のズレは許される。ケタ違いはいけない』を守りさえすれば、正確な数字など知らなくても仕事はできる。要するに、当たりがつけばいいのである」との指摘（畑村洋二郎『直観でわかる数学』岩波書店、2004、p.175.）もあります。

が、第９次の学習指導要領で示されている「見方・考え方」になります。

一時期、学校現場では「教師の役割は指導ではなく『支援』」といったことがいわれ、これが極端な形で現場に受け入れられてしまい、「子どもたちの活動をただ見つめて、授業中に何回か指摘するだけで授業が終わる」「できないのも個性だからと放置する」という現象がちらほら見られました。何かの作業をする場面であればこういった指導も成立するとは思いますが、現場監督のようなことが一過性のブームで終わり、学校現場に浸透しなかったのは、この学習形態によって教科固有の考え方、第９次学習指導要領でいうところの「見方・考え方」の育成にはつながりにくいことが実践の過程で明確になったからであると考えます。

「AI（人工知能）[46]で苦手なところを効率的に繰り返し出題するようなアプリ」の利用によって、「将来的には先生が不要になるだろう」といった見解がありますが、「見方・考え方」の育成をねらいとするならば、この見解は適切ではないと考えられます。情報の獲得が学習の主目的であれば、「苦手なところを

㊻ AIが仕事の仕方を大きく変えつつあります。日本語を英語などに翻訳する業者の仕事の仕方はここ数年で激変した印象があります。現在、多くの翻訳業者は、まず、翻訳の最初の段階（下訳）はAIの機械翻訳を使います。そして、AIが訳した文章の細かいニュアンスの修正を人間が担うのです。一昔前の印象ですと、こういった方法は「邪道」に見られていたと思います。しかし、現在はAIを下訳で使うことをWebサイトに明記している業者も少なくありません。

効率的に繰り返し出題する」ことは、例えば英単語を覚えることのように、効果的です。しかし、「その問題が他のどんな分野と関係しているか」「見た目は異なるが、本質的には同じ問題」といった側面からの指導は、「各教科の背景を理解している教師」が必要です[47]。そういった発想がないまま「AIで苦手な問題を効率的に繰り返し出題するようなアプリ」に頼り切りになってしまうと、「先生、この問題はアプリでは“出てきませんでした”」という発言が聞かれることになるでしょう。そのとき、教師はどう対応するでしょうか。「ごめん、ごめん、その問題をちゃんと“入れておくね”」とならなければよいのですが……。

学校現場では、「カリキュラム・マネジメント」、そして、「系統的なカリキュラム」ということがいわれて久しいですが、教師が「各教科の背景や系統性を理解していること」が、この「カリキュラム・マネジメント」の骨格であるといえます。

2-3　教材をつくっていく

理科の専門家の方からは、「害虫という名の虫はいない、雑

㊼ 教科指導における教師の役割は、もともと「その問題が他のどんな分野と関係しているか」、「見た目は異なるが、本質的には同じ問題」といった側面からの指導です。しかし、前述の「円周率が３になった」のように、どうしても我々の認知は具体的情報に向いてしまうので、授業を「情報の効率的な伝達」だと捉えてしまう向きもあるようです。

草という名の草はない」ということがたびたび言われます。確かにその通りです。筆者も音や音楽を題材にした前著『楽しい合科的学習の実践』では、それと同様の立場で、スズメバチのような危険な昆虫や、不快な音である「警報音」といった教材を取り上げた活動にも取り組みました。このように、教材として取り上げるものは、「完全によいもの」ばかりを用いるのではなく、範囲を大きくして選択していくことが大切であると考えます。

本書では、〈3〉と〈5〉において、ものづくり［木材を用いた楽器制作］⑱ の活動を扱います。高い精度が要求される楽器制作に、天然素材である木材を用いるのですから、様々な苦労が発生する可能性があります。

ものづくりに用いる木材は、中学校の技術科（木工）では、堅いか柔らかいかについては扱うものの、樹種までは問わないのが普通です。しかし、彫刻のようなアートになると、樹種はもちろん、用いる部位にまでこだわるようです。

また、「楽器づくり」の活動には、しばしば簡素なものがみられます。飲料のプラスチックの空き容器に砂利を入れただけのマラカスや、箱に輪ゴムを張っただけの弦楽器といった具合です。もちろん、それはそれで簡単につくれてすぐに遊べるので十分に役に立つといえます。しかし、「すぐに使えるものは

---

⑱ 本書では、単に物をつくる場合は「製作」、様々なことを考慮して試行錯誤等をしながらつくる場合は「制作」と表記します。

すぐに使えなくなる」といわれることがあるように、簡単に壊れてしまったり、そもそもあまりよい音がしないために、愛着がもたれにくかったりします。これら、制御できなくなった状態はガラクタとみなされてしまい、簡単に捨てられてしまいます。

筆者は、あくまで、音がよく、耐久性に優れていて、音程も正確で、楽器としての用を為し、外見も素敵で、いつまでも残したいと思えるものをつくる活動にしたいと考えます。既述の通り、楽器は工業製品となる側面ももつ場合がありますから、工芸品といった伝統楽器等における意義との両立を図りたいと考えます。さらに、木材についても、身の周りに生えている・植わっている等で存在する樹種を用いることが、より望ましいと考えました。

なお、こうした、「こだわりの」楽器制作（本書〈3〉および〈5〉では「木琴」づくり）の活動を経ると、先述の「マラカス」も、本気でつくるようになっていきます。中に入れるものはマメがいいかジャリがいいか、はたまた金属片がいいか、本体は音がよくて耐久性の高い硬質プラスチックにしようか、等々です。ただし、本書では、ふしづくり（簡単な作曲）の活動を組み入れたいと考えており、音程のある楽器が必要となることから、マラカスは取り上げません。

T（テクノロジー）とE（エンジニアリング）の観点を入れると、耐久性と正確さは必須となります。木材でつくる本格的な楽器は、理論と直感をつなぐことになります。しっかりとした測定と材料によってつくってい く『裏柱振木琴（リバーシブル）チャイム』[49]は、T（テクノロジー）とE（エンジニアリング）の要件を備えているといえます。また、測定ではS（サイエンス）とM（マスマティックス）、デザインや音楽に関わってはA（アート）が組み込まれています。通常、学校の教育活動で「手づくり楽器」を製作しても、残念ながら、先述の通り「結局はガラクタ」ということになり、捨てられてしまうことが多いようです。それは、演奏にも実用にも、またインテリアにも堪えないことが原因です。これが、STEAMにおいてE（エンジニアリング）とA（アート）が重要であると筆者が考える理由の一つです。

塗装も、もし行うにしても、あまり華美にするのではなく、落ち着いた地味な色調にしたいと考えました。それは、ずっと身の周りに置いてほしいという願いからです。子どものうちはよいとしても、大人になってから、あまり落ち着かないデザインのものであったならばしまい込まれてしまうことが予想されるからです。また、家の中にずっと置いてあることによって、世代間の伝承が起こるかもしれません。

STEAM教育も、既述の「新しい○○」という具合に一過性になってしまっては残念なところですが、極度にマニュアル化されて形式化する可能性もあります。たとえ形式化されたとしても、産業の振興のためであれば、知識や技能を身に付けるとい

[49] オルフ楽器のように、音板が取り外し自由な形の木琴です。しかも、ひっくり返すとチャイムになるという楽器です。

う役割は十分に果たすかもしれません。しかし、形式化は、心がそこになくても実行可能になりますから、それでは A（アート）が組み込まれた STEAM の意味がないのではないかと筆者は考えます。

本書では STEAM 教育の観点から各教科の既存の事例を挙げてきましたが、筆者が取り組む「楽器づくり」は、STEAM 教育の観点から考えた新しい教材です。

楽器には様々な種類がありますが、「木琴」は STEAM 教育における「ものづくり」の教材として「音階（周波数）の数値的な違いが、長さという目に見えるものに変換されること」が優れているところであると考えます。楽器では「発音体の振動数の変化」によって音階をつくりますが、その変化が見えやすいものとそうではないものがあります。

木材のような比較的加工しやすい素材を振動数（周波数）に対応させる形で切ったり削ったりして調整する経験は、言語（言葉・文字情報）だけに依存する教育活動よりも実感的であり、効果的であると考えます。

STEAM 教育は、分野を横断する多様性だけではなく、文字情報に留まらない、一見論理とは関係がないような直感（・感覚）にも依拠するという「教育方法の多様性」も含んでいると考えます。そう考えると、A（アート）が STEAM 教育に含まれていることは必然であり、歴史的にもリベラルアーツの時代、音楽と数学が同じカテゴリーで扱われていたことを考えれば、自然な発想であるといえます。

本書における筆者の実践では「楽器づくりの素材を木材にする」ことがポイントです。木材の長さ（L）と音の周波数（f）との関係については、以下の計算式を用いました。

【図5】のような比例関係を表す式です。比例ですから「比例定数」があり、理論上は木材の種類によって比例定数が決まっています。「比例」は小学校算数から登場するので、一般には、当たり前すぎる考え方であるといえるでしょう。

比例や一次関数の式は、式の右と左に何らかの「関係性」があることを示しています。つまり二つの要素（数）に着目し、どちらかの要素が「原因」で、もう一つの要素が「結果」になっている関係です。第９次の学習指導要領においては、小学校理科で「比較」「関連づけ」「条件制御」「多面的に考える」が考え方の重点となっています。中学校理科と高等学校理科では、これらを統合的に用いて探究することが示されています。しかし、現状としては「どのように探究をさせるのか分からない」といった声もあり、探究の活動に苦手意識をもっている理科教員が少なくないことが報告されています。「苦手意識」がある先生は「苦手であることを意識している」ので、探究の意味を考えているといえます。

$$L = \frac{449.01}{\sqrt{f}}$$

【図5】比例関係を表す式

しかし、問題は、単純に「何か実験をやってまとめれば探究になる」

と考えている場合です。この場合、先生は「探究」をさせているつもりでも、生徒は「探究というラベルが貼られただけの作業」をしているだけです。何も考えないで、ただ歌ったり笛を吹いたりしているだけで、音楽の学習をしている、表現をしていると錯覚してしまうのと同様であるといえます。

「事象を比例や一次関数で表すことを考えさせる」のは、授業としての見た目は地味ですが、理科における探究となります[50]。ある事象の見た目だけではなく、見えない要素を複数見いだし、それらの「関係性」を考えるということです。

そのためには、まず要素間を「比較」します。「比較」の「比」の字が示すように、比較するときは要素間の差よりは比に着目するとうまくいくことが多いのです[51]。そしてそれらの「関連づけ」をします。その際「条件制御」[52]をして、子どもたちの考えた「関連づけ」が正しいのかを判断します。これら

---

[50] そのための手段（ツール）が算数・数学です。しかし、理科と算数・数学とが分離されて、その手段たる算数・数学のみを無機的に詰め込むような教育を行うと、断片的な知識や技能となってしまいます。また、一度苦手意識をもったなら、科学（理科）的な探究や気付きの機会が奪われかねないといえます。

[51] 実際に、ニュートン力学の運動方程式 $F=ma$ をはじめとして、理科の各種法則は比例の式になっているものが多数あります。

[52] 小学校５年生理科の「振り子」は「条件制御」を学ぶ教材として理科教育では有名です。これが中学校理科における「光合成の実験」などの「対照実験」につながります（「対照実験」が方法、「条件制御」が考え方です）。さらに例を挙げると、高等学校の生物基礎における「形質転換の実験」である「グリフィスの実験」や「エイブリーの実験」も「条件制御」による「対照実験」の好例ですが、高等学校の教科の場合、その実験に登場する他の概念や語句が多数あるため、小学校５年生理科の「振り子」と「同じ考え方」であることに思いが至らない生徒も多いです。

「比較」「関連づけ」「条件制御」を含んだ一連の活動が「多面的に考える」ことになります[53]。この小学校理科で用いた考え方の重点を「意図的に」働かせるように指導することが探究であると考えられます。決して、教科書に載っていない「珍しい実験」を「珍しい形態で展開すること」が探究ではありません。

本書で、筆者が用いる『裏柱振木琴（リバーシブル）チャイム』は、「木材の長さ」と「木材を叩いたときに出る音」という要素に着目させることを意図した教材です。これらは比較的気付きやすいといえます。ここでS（サイエンス）の視点を意識させたいと考えました。

しかし、木材は天然・自然の素材ですから当然ばらつきがあり、実際は電子キーボードなどの音と比較しながら、木材の長さを調整して、E（エンジニアリング）の視点で扱うことになります。調節といっても切断・切削（せっさく）ですから短くすることしかできません。緊張感をもちつつ、かつ自分の耳を頼りに少しずつ短くしていくのです。「音が合っている／合っていない」の判断は、特に音

[53] 一時期、学校現場で「水からの伝言」という教材が流行したことがありました。これは「水に『ありがとう』などの〈きれいな言葉〉をかけながら凍らせると美しい結晶ができ、『ばかやろう』などの〈きたない言葉〉をかけながら凍らせると汚い結晶ができる」というものです。今から考えると実験するまでもなく荒唐無稽なものなので、当然、左巻などが問題点を指摘しています（左巻健男『ニセ科学を見抜くセンス』新日本出版社、2015、pp.79-81.）。その一方で、道徳の授業研究などで盛んに実践されていた時期がありました。「条件制御」を意識した「対照実験」を行えば、こういった結果が出ないことは明白ですが。理科で「条件制御が大事である」ことを知っているからといって、理科以外の文脈で「条件制御」の考え方を用いることができるとは限らない、ある教科独自の知識は他に転移しないことがある、ということを示しているといえます。我々の思考がいかに文脈に依存しているか、そして、知識の「転移」というものが口でいうほど簡単にはできないことがこのエピソードからも分かります。

楽的な素養がなくても感覚として比較的分かりやすいものです。通常、音楽に関わる学習は、暗黙の了解で「ピアノの演奏等ができる子ども」と「そうではない子ども」の区分けができていて、「そうではない子ども」は「お客さま」になってしまう可能性があります。つまり「学習に対する主体性」の対極にいることになるのです。私どもの実践では「音を音楽的に扱う授業」ではありつつも、配慮として「ドレミなどの音楽的な知識を前面に押し出さない」ことを意識しました。これは、通常A（アート）として扱われる「音楽としての音」（音楽をつくっている音そのものに注目することは大切であると考えます）を「調整する」というE（エンジニアリング）の立場から捉え直したものなのです。

STEAM教育の利点としては、「文脈に依存しないで問題を解決する姿勢」を身に付けられることが挙げられます。言い換えると「見方・考え方」をそれぞれ教科の枠の中だけで使うのではなく、教科の枠を超えたところで使えるということです。子どもたちが将来出会うであろう問題解決の場面では、これは国語の力、これは算数の力というような場面設定はありません。いろいろな状態が複合していたり、いろいろな見方が必要だったりします。

本書の冒頭にもあったように、子どもたちはご飯を食べる時、「これは洋食でこれは中華でこれは和食だ」といった意識をしながら食べているわけではありません。そして、食事をつくる側も「今日は中華にしよう」とか「今日は和食にしよう」といった意識で準備をするよりも、「冷蔵庫に玉ねぎと人参とジャガイモがあるからカレーライス」とか「昨日の残りの豆腐があるから麻婆豆腐（マーボードーフ）にできるかなぁ」といった具合に、目の前の食材（いわば課題）と向き合うことからスタートすることも少なくありません。ここで、料理の初心者は、まずつくりたいメニューから入るので、料理づくりの前段階に「足りない食材や調味料を買いに行く」というプロセスが入るのでしょう。

また、それがお店だったとしても、「地域の人々の空腹を満たしたい」という現実的な課題に向き合っていると、自然にジャンルを超えていくこともあります。いわゆる「町中華」では、中華といいつつもメニューにカツ丼やカレーライスがあることも珍しくありません。

学問の分野も、昔から国語・算数・社会・理科・音楽・図画工作……という枠組みがもともとからあったわけではありません。国によって教科の種類は異なることがありますし、現在学んでいる教科においても、他の教科の内容が便宜上入っている場合もあります。例えば、「水を加熱するときに沸騰石を入れる」というのは、その典型的な例です。Science の本質的な部分とは関係がありませんが、加熱している液体が飛び散るのは好ましいことではないので指導事項に入っています。理科では、S（サイエンス）の内容のほかに E（エンジニアリング）の内容、つまり実験の安全確保のための知識が多数入っているのです。実験器具の名前を覚えるというのも同様です。実験器具の名前もS（サイエンス）の本質とは関係ないのですが、器具の名前が分からないと、実験操作のときにお互いに話が通じなくなるので実践上必要ということなのです。

ここまで述べてきたことを踏まえると、中学校の技術・家庭の授業で「楽器制作」を行うことがもっと一般的になってもよいのではないでしょうか[54]。本来、技術というのは規格化（これはE（エンジニアリング）に該当します）を学ぶ教科でもあります。ですから「他人とまったく同じ作品をつくり上げる」のが制作のねらいになり得るのです。しかし、漠然と「個々が自由なアイデアで制作すればよい」ということに留まる構想ならば、「自由に」設計したり、あるいは複数の設計図から選択して自分なりに組み合わせたりといった授業展開になるでしょう。もちろん授業のねらいによっては自由に設計し、音の出る物体を思い思いにつくるということも考えられます。これは例えば、まったく新しい発想の楽器を創造するような活動である場合です。しかし、そうした付加価値とか、新開発といったことばかりではなく、サイエンスに立脚した形できちんとしたものをつくるという行為

㊿ 中学校の技術・家庭における「楽器制作」についてのまとまった実践記録として、藤沢（1987）による実践を確認することができます。この実践では、技術・家庭科の教材としてマンドリンづくりを行い、調弦などは音楽科の授業で行うとされています。藤沢惇「楽しいマンドリンの製作 フラット・マンドリンを中心に」『技術教室』12月号、産業教育研究連盟、1987。その他、Web上で「楽器（リコーダー）づくりの指導案」や「教材会社の教材としての三味線」を確認することができます。

も、また重要であると考えるのです。これらを網羅的、包括的にカバーしていくSTEAM教育を目指したいと考えるのです。

楽器制作であれば、「他人とまったく同じ作品をつくり上げ」ないと楽器になりません（そもそも「音階」は規格であるといえますし、あの芸術的なサウンドを奏でるピアノにもJISマークが付いています。先出【図3】）。したがって、必然的に技術科の重点ともいえるE（エンジニアリング）の視点の大切さが実感できるでしょう。そして、評価の観点も明確になるはずです。「音程が正しく出せること」は楽器が備えるべき最低限かつ最重要な要件ですが、このシンプルな要件は生徒と簡単に共有することができるのです。「音程が正しく出せる」ようにするためには、楽器のパーツをつくるときの精度や、組み立ての確実さも要求されるので、「音程が正しく出せること」を評価の観点とすることで、その他の付随的なことも子どもたちは自然と意識するようになるでしょう。楽器制作ではない場合も評価の観点はもちろん提示されますが、例えば「バランスよく組み立てることができる」という観点があったとして、「どこからがよくて、どこからがよくないのか」と考え出すと、なかなか難しい判断となるでしょう（突き詰めて考えると、個人的な判断は可能ですが、客観的な判断は難しいでしょう）。

ところでSTEAM教育といったとき、T（テクノロジー）とE（エンジニアリング）の区別をつけることが、日本語ではなかなか難しいようです。

平成21年（2009年）、当時の政権による「事業仕分け」（行政刷新会議）という「税金の無駄遣いをなくすために目的や使途を見える形で再検討する」場面がありました。そこでは「世界一の処理速度をもったスーパーコンピュータの開発」への予算要求があり、それに対して仕切り役の政治家が「2位じゃダメなんですか？」という主旨の発言をしたことがありました。この発言はなかなかインパクトの強いフレーズだったこともあり、当時はよくマスコミに取り上げられていました。当時のマスコミの論調としては「どっちが正しいか」というようなスタンスだったように記憶していますが、これはT（テクノロジー）とE（エンジニアリング）の考え方の違いの問題として捉えることができます。

テクノロジー（T）のスタンスは「技術的な限界を究めること」です。これはテクノロジーの立場から当然のことであり、さらに、そもそも「技術的な限界を追究する」からこそテクノロジーなのです。ですから「1位を目指すこと」は「いうまでもなく当たり前のこと」になります。また、テクノロジーはサイエンス（S）によって仕立て上げられる（科学的に見いだされたことに基づいて、役に立つものをつくる）面もありますから、この「2位じゃダメなんですか？」という発言に国内の科学者が反対声明を出したことは自然な流れであるといえます。これはスポーツ選手が大会で1位を目指すのと同様の考え方です。オリンピックを控えたインタビューで、「金メダルをねらいます」と宣言する選手に「2位じゃダメなんですか？」といったらどうなるでしょうか。

一方、エンジニアリング（E）のスタンスは「実用性や効率性を究めた運用を目指すこと」です。この考え方は科学分野に限らず、社会一般の仕組みを考えるときに意識されることでもあります。政治や行政の役割には「税金の調整や配分」といったものもあります。これは「実用性や効率性を究めること」と同様のスタンスです。総量が決まっている税金を「どの分野にどのくらいの額で配分すれば効果が最大になるか」を考えるということで、場合によっては「どのあたりで妥協点を見出すか」が「最適な答え」になります。

この種の議論で重要なことは、「どちらがよいのか悪いのか」「どちらが正しいのか間違っているのか」を判断することではなく、「それぞれがどんな立場で発言しているのか、考えているのか」を理解することです。さらには、世の中にはアート（A）の立場もあり、「意味」が主張されるわけですから、考慮すべきことが（STEAMという本書の範囲だけでも）一層多くなることになります。そうしたことを踏まえて、判断を行っていくということが大切なのだといえます。政治家や行政に関わる方々は、エンジニアリング（E）の視点で日々仕事をされることが多いといえます。「技術的な限界を究める」という暗黙の前提があるスーパーコンピュータの開発に関しても、スーパーコンピュータには税金が投入されていますし、使用するのは開発した方々だけではありませんから、「実用性や効率性を究めた運用を目指す」ために「予算を抑える」という発想も選択肢の一つとして出てくることが考えられます。同時に、第1位を目指す技術力の向上が我が国の産業の基礎となり、また、その活用による様々な問題の克服等に役立つという視点には立っていなかったということでもあります。

近年、教育の分野などで「納得解」を出す能力が大事だということがいわれます。これについては、「納得解」が適切な場面とそうではない場面があることに留意する必要があります。エンジニアリング（E）のスタンスでは、様々な要因を考慮して「納得解」を出すことが求められます。これは調整や妥協の結果ともいえます。一方、サイエンス（S）のスタンスで「納得解」といってしまうと、「単なる間違い」になってしまうことがあるからです。

STEAM教育では、関係分野の基礎的な「見方・考え方」を育てることも重要ですが、様々な議論のスタンスを理解し、峻別したり、分別をもって適用したりできるための見方を育成することも重要でしょう。特に、先の「事業仕分け」の例で述べたように「テクノロジー（T）の考え方」と「エンジニアリング（E）の考え方」は、しばしば相反するので、意見対立の場面において、双方の発言を理解する手がかりになるかもしれません。このことは、議論を分析して、無用な諍(いさか)いが起こらないようにするためにも重要であると思います。

さて、Ｔ（テクノロジー）とＥ（エンジニアリング）の区別をつけることが、日本語ではなかなか難しいと述べました。〈1-3-1〉で述べたことを踏まえた上で、国語辞典ではどのように定義されているのでしょうか。『広辞苑 第七版』[78]ではテクノロジーを「①技術学。工学。②科学技術。」とし、エンジニアリングを「工学。工学技術。」としています。『日本語大辞典』[79]では、テクノロジーを「技術。科学技術。工業技術。」とし、エンジニアリングを「工学。機械技術。」としています。これらの定義から考えるとテクノロジーとエンジニアリングはおよそ同じ概念レベルという解釈ができそうです。このような定義がなされていることが、日本語圏で「テクノロジー」と「エンジニアリング」の区別をつけることの難しさの一因になっていると思われます。語句の意味は時代とともに常に変化していきますので、STEAMの考え方がより浸透してくれば、これら２つの語句は明確に区別されて認識されることになるかもしれません。ちなみに英語圏での「テクノロジー（Technology）」と「エンジニアリング（Engineering）」の定義はどんなものでしょうか。Webster's Third New International Dictionary[80]ではTechnologyを「実践的な目的のための知識・知見の適用についての科学」[81]とし、Engineeringを「物質の性質やエネルギーの活用を有用にするための構造・機能・生産についての科学」[82] としています。どちらもScienceの一分野とされつつも、Technologyは「応用」、Engineeringは「有用」に重点が置かれています。

それでは、先述のような社会問題ではなく、より限定された教育の文脈ではテクノロジーとエンジニアリングの関係はどのようになるでしょうか。

筆者は、テクノロジー(T)とは「限界への挑戦／革新のための創造」、エンジニアリング(E)は「安定の追求／運用のための制御」であると考えます。そして、この表現はそれぞれの目的を表現しているともいえます。例えば、何らかの測定値を計算するとき、テクノロジー(T)としては「誤差をなくすように努力し、できる限り精密な長さを計測すること」や「より精密な長さを測定するための新しい方法を開発すること」が目的です。一方、エンジニアリング(E)としては、「測定値を実用性の範囲で加工すること」や「長さを測定する器具が正しいかどうか管理すること」が目的です。例えば、木材加工で必要な部材の長さを表現するとき、テクノロジー(T)の立場から小数第10位まで正確に提示されても扱いにくいだけです。ここでエンジニアリング(E)の立場から「自分が切ったり削ったりすることができる範囲での妥当なスケール」が必要になります。小学校算数(M)で学習する四捨五入、中学校以降の理科(S)で用いる有効数字の考え方は、エンジニアリング(E)の発想なのです。

先生方が同じような実験や実習をするとき、わざと「不必要に多い桁数」を示してみるのはどうでしょうか。そんなとき、子どもたちがどのように振る舞うでしょうか。おそらく、四捨五入やそれに類する考え方をするでしょう。算数で学習する四捨五入もしっかり学習しつつ、ものづくりなどの活動の中で「必要に迫られて発想を変える／もっている知識を適用する」経験をさせることでスパイラル的な指導も可能になるでしょう。スパイラル的な指導がなぜ求められるのかといいますと、特定の単元のみの指導では定着しにくい学習事項があるからです。理科の「素朴概念」などが代表的なものです[55]。一度生成されてしまった「素朴概念」は、正しい指導を受けた直後は修正されるのですが、時間が経過するともとに戻ってしまうことは、教育研究の世界ではよく知られています。スパイラル的に複数の学年で、または複数の単元や教科で繰り返し学習することが必要なのです。

2-4 本書で考えるSTEAM教育～その2 ——アートとしてのAを基盤としたSTEAM教育のフレームワーク

学習活動を計画するにあたって、STEAM教育を構成する5

[55]「パッと見」と「実際の仕組み」が異なっているようなことを指します。例えば「重たい物質ほど速く落下する」といった考えのことです。

領域について、それぞれの定義や相互の位置づけを、先行研究によって改めて明確にしてみます。先行研究の調査にあたっては、既述のように、Aの定義が定まっていない状況であることから[56]、まず、STEM教育の4領域相互の関係について調査を行います。次に、検討した結果と整合するような方向性でSTEM教育におけるAの位置づけについての調査・検討を行います。そして、本書におけるSTEAM教育の5領域の定義と相互の位置づけを明確にした上で、学習活動を計画します。

STEM教育の4領域相互の関係について調査を行ったところ、Yata & Isobeが提唱したSTEM教育のためのフレームワーク（次ページ【図6】参照）[83]が参考になると判断しました。このフレームワークは日本の教育課程を踏まえたもので、まずEngineeringを「設計・計画（Design）→製作（Build）→試験（Test）というプロセス[57]を含む活動」と位置づけています。実際、【図6】中の「設計・計画の流れ」は原文では「Design Process」となっています。そして、Engineeringの活動のために必要な思考として、Science、Technology、Mathematics

[56] Aの定義が定まっていないことから、本文中のAのルビについては文脈によって、その都度調整しています。

[57] 木村らは、このプロセスを「設計（Design）→製作（Build）→試験（Test）」と訳しています（木村優里・原口るみ・大谷忠「実社会・実生活の問題解決という文脈を導入したSTEM教育型理科授業のデザインに関する研究」『科学教育研究』45(2)、2021、pp.184-193.）。Design（デザイン）の日本語については「設計」の他に「計画、目的、意図」といった意味があることから、本書〈3〉〈5〉でもDesignをそのように位置づけます。

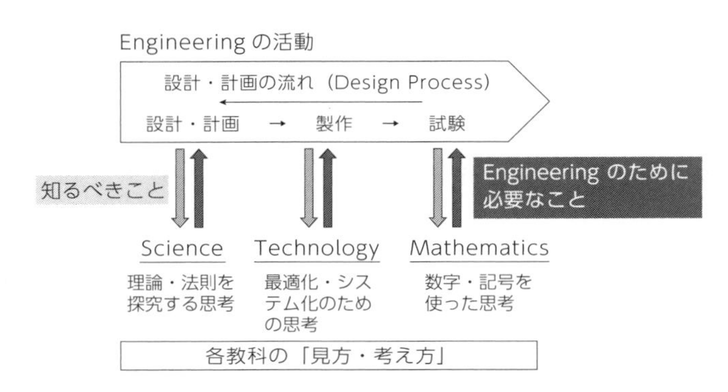

【図6】STEM教育のためのフレームワーク

（出典）Yata et al. (2020)　筆者（森）訳

を位置づけています。ここでScienceは「理論・法則を探求する思考」、Technologyは「最適化・システム化のための思考」、Mathematicsは「数字・記号を使った思考」とされています。この位置づけは私どもが計画する学習活動との親和性が高いと考えました。

次に、検討したSTEM教育のフレームワークと整合するような方向性でAの定義や位置づけについての調査・検討を行ったところ、大谷が提案している「STEAM教育におけるAとSTEMの関係図」（次ページ【図7】参照）[84]を論拠とすることが適切であると考えました。この関係図はE（エンジニアリング）におけるDesign（デザイン）と、A（アート・リベラルアーツ）におけるDesignに着目することで、E（エンジニアリング）とA（アート・リベラルアーツ）の接続を可能にしているといえます[85]。なお、ここでの

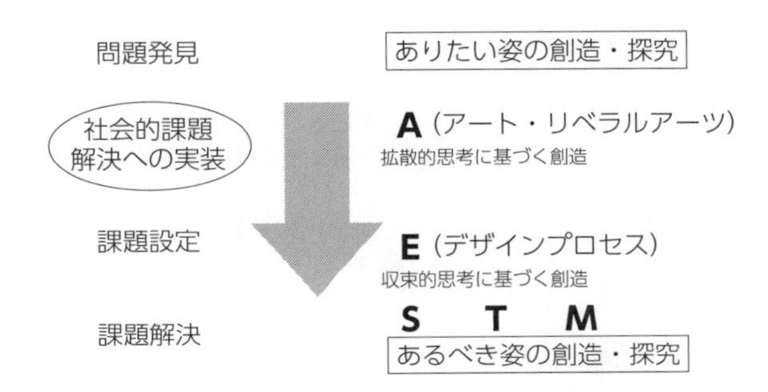

【図7】STEAM教育におけるAとSTEM教育の関係図

（出典）大谷（2021）

Designとは【図6】の箇所で述べたように「方法」「実践」「プロセス」を指しますが、「認知」や「思考様式」と呼ばれることもあります[86)]。

この【図7】ではAのところが「アート・リベラルアーツ」と二つの表現が併記されています。アートは「芸術」[58]、リベラルアーツは「教養」[59]などと解釈されることが一般的ですが、それらが併記されているのは、どのような立場をとるべきかについて様々な見解があるためです。本書における実践〈3〉

㊽『デジタル大辞泉（Web版）』における「アート」の第一義は「芸術、美術」となっています（小学館編集部『デジタル大辞泉（Web版）』、https://kotobank.jp/dictionary/nikkokuseisen/［2022.12.04, 21:14 閲覧］）。

㊾『精選版 日本国語大辞典（Web版）』における「リベラルアーツ」の第一義は「職業に直接関係のない学問、芸術のこと。実用的な目的から離れた純粋な教養」となっています（小学館編集部、『精選版 日本国語大辞典（Web版）』、https://kotobank.jp/dictionary/nikkokuseisen/4128/［2022.12.04, 21:16 閲覧］）。

〈５〉は「芸術（音楽）を基盤とした、木琴を制作する学習活動」であることから、Aを芸術（主に音楽）としてのA（アート）と捉えています。この立場で【図6】の「STEM教育のためのフレームワーク」と、【図7】の「STEAM教育におけるAとSTEMの関係図」を援用し、STEAM教育のフレームワークを考案してみました（100ページ【図8】参照）。このフレームワークではA（アート）の活動が拡散的スキル、E（エンジニアリング）の活動が収束的スキルとして位置づけられており、対象的な二つのスキルが同時に使われることを表現しています。図中、A（アート）の活動とE（エンジニアリング）の活動を表す図形が異なっていますが、これは拡散的スキルが「方向性が一定ではない」「ひとつの答えに向かっていくものではない」[60]といったイメージで楕円としました。他方、収束的スキルには「一定の方向性がある」というイメージがあることから、片方が尖った形としました。

辻合はOED［The Oxford English dictionary Second Edition (Simpson et al., 1989)］の記述から、Artが広義の概念を示すことが可能であり「Art（芸術）」も「Arts（教養）」も内包するとし

---

[60] 日比野克彦氏は、「アートというのは、人に伝わったときに成立し、姿を現します。ただ単に絵を描くテクニックが上達しても、アートになるわけではありません。アートには一つの答えがないから、誰もが感動する作品はないんですよ（中略）アートが他の学問と一番違うのは、答えは一個じゃなく、むしろ『ないに等しい』こと」と述べています（高校生新聞ONLINE Ⓡ「アートって何？『それは鑑賞者の心の中に…』東京藝大・日比野克彦学部長に聞く」2020.02.27 https://www.koukouseishinbun.jp/articles/-/6119［2022.12.04, 21:15閲覧］）。

ています[87]。さらに「Liberal Arts は Science を内包するものではない」ことも指摘しています。この指摘を踏まえると【図8】のフレームワークは次ページの【図9】のように書き換えられます。

この修正された【図9】のフレームワークと【図8】のフレームワークの相違点は次の2つです。(1)【図8】で「Art の活動」となっていた箇所が「Arts の活動」となっている点、(2) 背景に境界線の不明瞭で配置もアンバランスな「Art の活動」がある点、です。(1)、(2) ともに、前述の辻合による指摘、すなわち「Art が広義の概念を示すこと」や「Liberal Arts は Science を内包するものではないこと」を踏まえたものです。特に、(2) の「境界線が不明瞭で配置もアンバランスな図形」の「不明瞭な境界」は、広義の概念をもった Liberal Arts としての「Art の活動」をイメージしています。そして、「アンバランスな配置」は「Science を内包するものではない」という指摘を踏まえています。【図9】にあるように、背景の不明瞭な楕円は、Science、Technology、Mathematics に近接するに留まる形になっています。

一方、一般的な意味での Art には、もちろん「芸術」が含まれます。英和辞典を見れば、Art の第一義は「芸術」です。さらに不可算名詞として「技巧、術、わざ、腕」や「技術、技

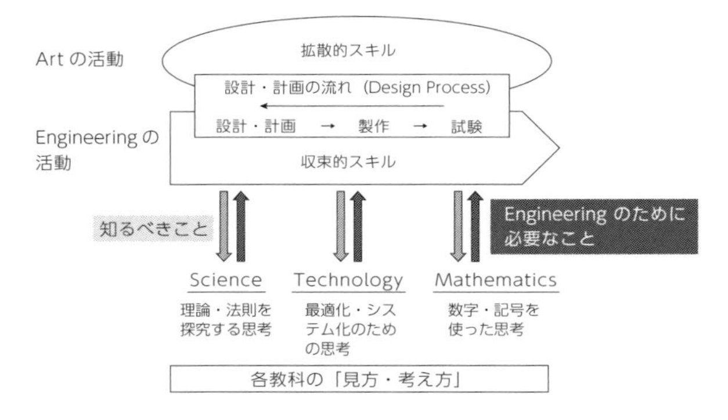

【図8】考案したSTEAM教育のフレームワーク

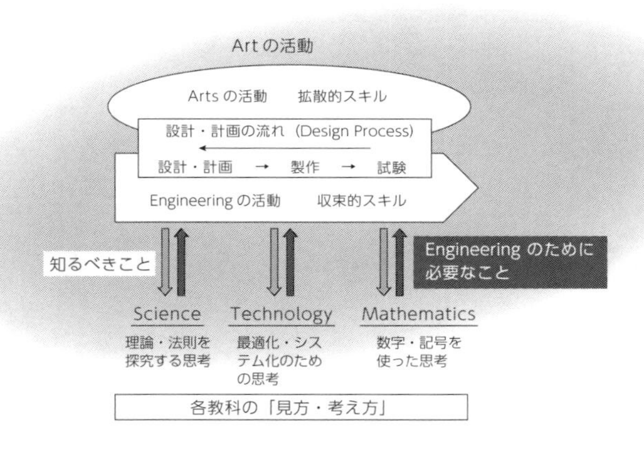

【図9】修正したSTEAM教育のフレームワーク

芸」といった意味もあります(61)。これを踏まえると、【図8】の「Artの活動」の楕円は、次ページ【図10】のように活動全体を包括することもあるのではないかと考えました。Artの拡散的スキルとEngineeringの収束的スキルは、【図8】【図9】のように対比される関係といえますが、その性質としては、そもそも拡散的ですから、(やや無理があるかもしれませんが)活動のどのような局面にも現れる可能性があるともいえます(62)。そういった可能性を示すために全体を包括してみました(【図10】)。

さらに、一般的な意味でのArtsをLiberal Artsとして捉えてみます。Liberal Artsには様々な捉え方があるため[88)]、おおよそのイメージについての共通理解はできても、明確な定義をするのが難しいことから、【図11】(103ページ)のようなフレームワークを考えてみました。背景にある「境界線が不明瞭で配

(61) 例えば、学生から実務家までの幅広い層を対象とし、語句の歴史的な変遷も考慮して編集されている『研究社 新英和大辞典』では、Artの第一義が「(総合的・個別的に)芸術」となっています。また、その他の意味として「〔何かをする〕方法、秘訣、こつ；熟練、手腕、技、狡猾さ」が挙げられています(竹林滋 編『研究社 新英和大辞典』2002、研究社)。そして、現代英語の立場から編集されている『オックスフォード現代英英辞典 第8版』では、絵画などの美術となっていますが、音楽は含まれていません。音楽を含むときはthe Artsとされています。そして、項目の最後のほうに「トレーニングや練習で培われる能力や技術」が挙げられています(オックスフォード大学出版局『オックスフォード 現代英英辞典 第8版』2010、旺文社)。

(62) 例えば、数学の問題について、解くための方針が立たない場合は、まずいろいろなアプローチを試してみることがあると思います。この局面は拡散的であるといえます。そして、方針が決まればあとは計算などの作業的な局面に移ります。この局面は収束的であるといえます。

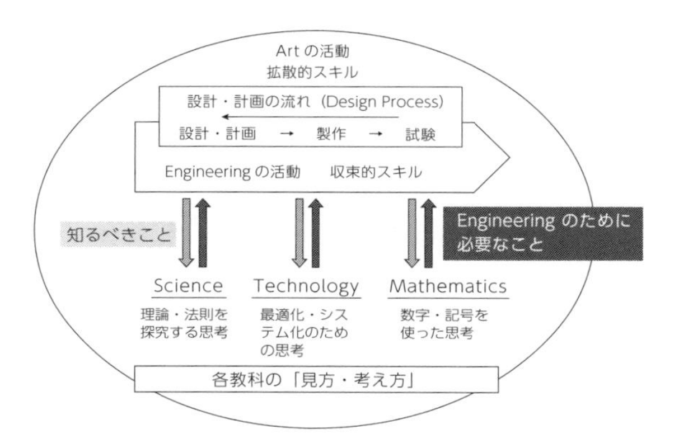

【図10】「Artの活動」を拡大したSTEAM教育のフレームワーク

置もアンバランスな図形」の「不明瞭な境界」は、【図9】と同様に広義の概念をもったLiberal Artsとしての「Artの活動」をイメージしています。「アンバランスな配置」も同様に「Scienceを内包するものではない」という指摘を踏まえたものです。

私どもは、後述する〈3〉～〈5〉の実践において、こうしたことを念頭に置いて取り組んできました。しかし、実践から時を経て、改めて振り返ってみると、どこか釈然としない感覚が残っていました（これを「直感」というのかもしれません）。そこで、さらに各側面の配置に修正を加えたフレームワーク（105ページ【図12】参照）を考えてみました。

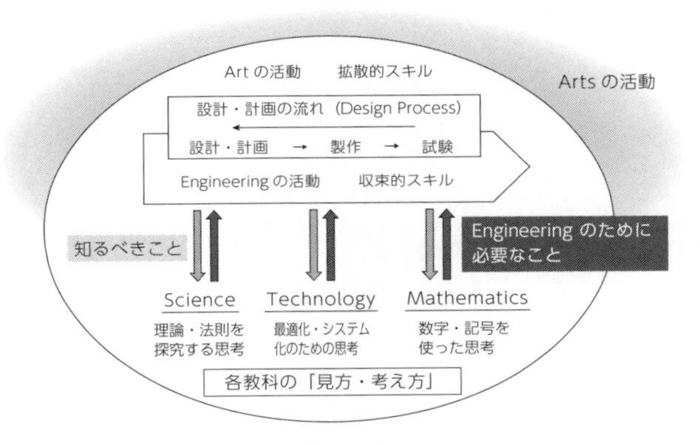

【図11】「Artsの活動」も付加したSTEAM教育のフレームワーク

これは、一見するとArts／Artが下に移動しているだけで、【図9】に似ていますが、次に述べる問題点を解決しています。

一つは先掲の【図9】のグラデーションのArtの箇所についてです。このグラデーションのところは、その意味する範囲の広いリベラルアーツを表しています。リベラルアーツについては「自然科学分野を除外する」とする考えもあるのですが、そもそもリベラルアーツの起源は、ヨーロッパ中世の「自由七科、教養七学科（中世における教育の主要な学科で、文法・倫理・修辞の三科と算術・幾何・音楽・天文学の四科の総称）」であるといわれています。算術・幾何はいうまでもなくMathematicsに当たります。このことを踏まえると、グラデーションは少なくとも数学には少しかぶることがあってもよいものと考えました。この考えのもと、【図9】でグラデーションをMathematicsに少しかぶせようとすると、ArtがEngineeringを包括してしまいます。Artの活動（拡散的スキル）とEngineeringの活動（収束的スキル）は対象的な2つのスキルですから、グラデーションがEngineeringを包括しているのは、あまり適切ではないと思われます。その一方で、ArtとEngineeringは、拡散と収束という違いこそあれDesign Processという共通のイメージをもっていますから、【図8】【図9】のように並べて配置したいと考えました。

もう一つは、「Mathematics」と「Science、Technology」との関係についてです。「Science、Technology」はMathematicsによって記述されることから、これらはMathematicsを基盤としていると考えることもできます。【図8】から【図11】のように、これらを横一線に並べると、Mathematicsが基盤であることが見えにくくなります。ここで先述の「ヨーロッパ中世のリベラルアーツにおける教養七学科（算術・幾何を含む）」を根拠として、ArtのグラデーションをMathematicsに一部かぶせようとすると、「Science、Technology」にもかぶさってしまいます。「Science、Technology」にもグラデーションがかかることは大きな問題ではないように感じられますが、これは先行研究の「Liberal ArtsはScienceを内包するものではない」という指摘と整合しません。なお、Mathematics、Science、

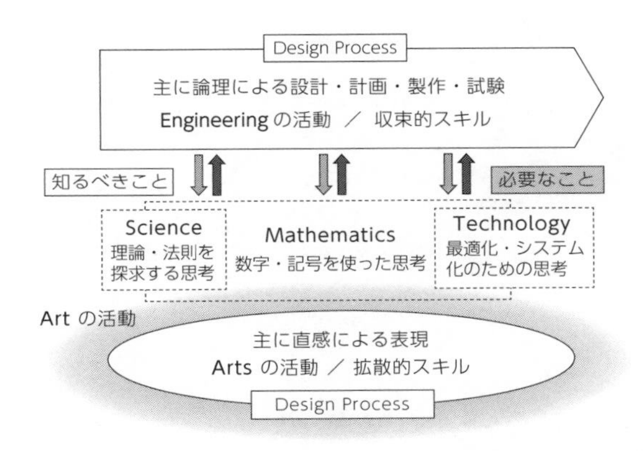

【図12】「ArtsとEngineeringの関係」を考慮したSTEAM教育のフレームワーク

Technologyの3つは、学習指導要領で言うところの「見方・考え方」であると捉えている先行研究もあることから、点線の枠で囲み、ArtsやEngineeringとは役割が異なることを暗示しました。

【図12】はここまで述べた2点を解決できるように見えないのですが、次のように考えると解決することができると考えました。

【図12】が紙に書かれた状態だとします。その紙をくるりと丸めて**筒状にし、EngineeringとArtを近接**させる、という方法です（次ページ【図13a～d】参照）。

この筒自体が「課題」と考えることができます。なお、筒と

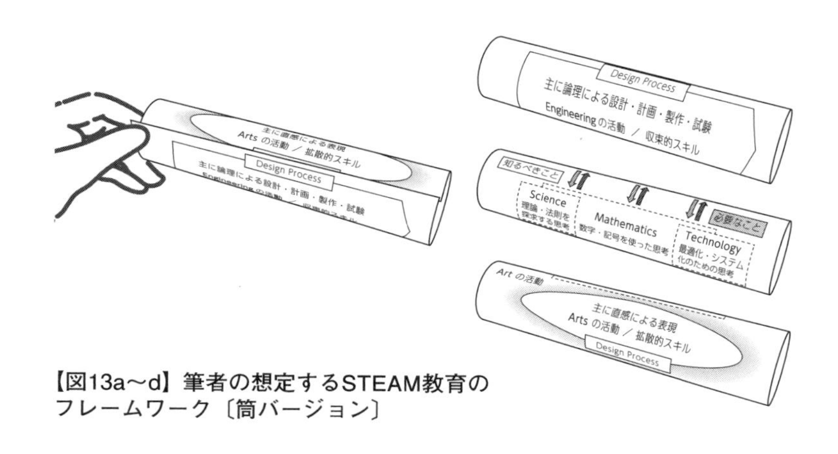

【図13a〜d】筆者の想定するSTEAM教育のフレームワーク〔筒バージョン〕

いう形状よりも［球体］であると考えてもよさそうです（【図13e】）。そうするとArtsとEngineeringの双方がDesign Processというイメージを共通に含んだものとして並んで配置され、さらにS（サイエンス）とT（テクノロジー）を近接させることができます。この工夫により、STEAM教育の各領域の位置づけや関係性が先行研究を踏まえつつ表現できたものと考えています。今後、STEAM教育実践を計画するときは、この【図13a〜d】、さらには次ページ【図13e】に書かれている各項目が、計画している教育活動のどの部分と対応しているのか検討しながら進めるのがよいと筆者は考えます。STEAM教育はその名称の通り、Science、Technology、Engineering、Art（Arts）、Mathematicsの各領域が含まれていますから、理

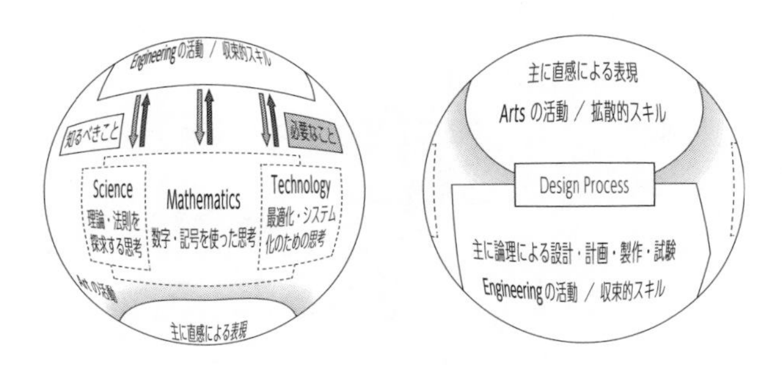

【図13e】筆者の想定するSTEAM教育のフレームワーク〔球バージョン〕

科や算数・数学などの教育実践を通常通り実施しても、それを「STEAM教育です」と主張することもできなくないといえます。しかし、それでは「STEAMに関係ある教育」ではありますが、「STEAM教育」にはならないと考えます。「STEAM教育」という形で統合するからには、統合したことによって生じる新しい価値があるはずです。例えば、数学についていえば、「ScienceやTechnologyの場面で活用する」ことや、「何かの課題を解決するためにDesign Processで活用する」という場面を設定する必要があることが【図13a～d】から読み取ることができます。

なお、筆者は、【図13a～e】（丸めた図）を提示してなお、以下のことに注目しています。

それは、〈2-3〉で触れ、〈 4 〉（〈4-1〉の直前）で指摘する「つくることにばかり意識を向けるのではなく、どのように使うか等のことも視野に入れておくことが重要」であるということです。エンジニアさんという職業に対して一般には、例えばパソコンの使い方やトラブルシューティングといった案内をしてくれるお仕事という認識もあろうかと思われます。パソコンで文書やプレゼン資料が作成された際に、人によってその作成法やつくりに差異が見られることもあります。また、同じ工具でも、人によって活用方法が異なる場合もあります。

すなわち、エンジニアリングは、常に収束的であるとは限らず、むしろ拡散的である場合があるのではないかということです。直感によって活用方法が変化することもありえるでしょう。したがって、E（エンジニアリング）に方向性を連想させる図形を当てはめるよりは、A（アート）と同様に方向性が連想されない形とするほうが適切である可能性があると考えています。

そのように考えた場合、次ページ以降の図のようになります（【図 14a～f】参照）。

ここまで様々なSTEAM教育のフレームワークを提示してみました。現時点では、STEAM教育の捉え方には確定したものはありません。しかし、学習活動を考える際には、何らかのフレームワークを意識することが必要と考えます。フレーム

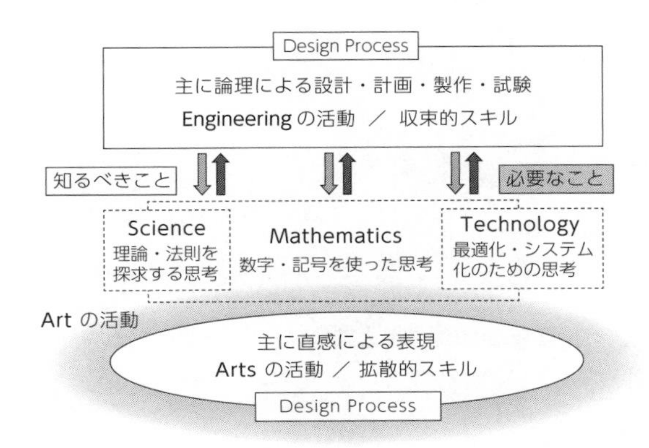

【図14a】「運用」も考慮してEngineeringの方向性を規定しない形にしたSTEAM教育のフレームワーク

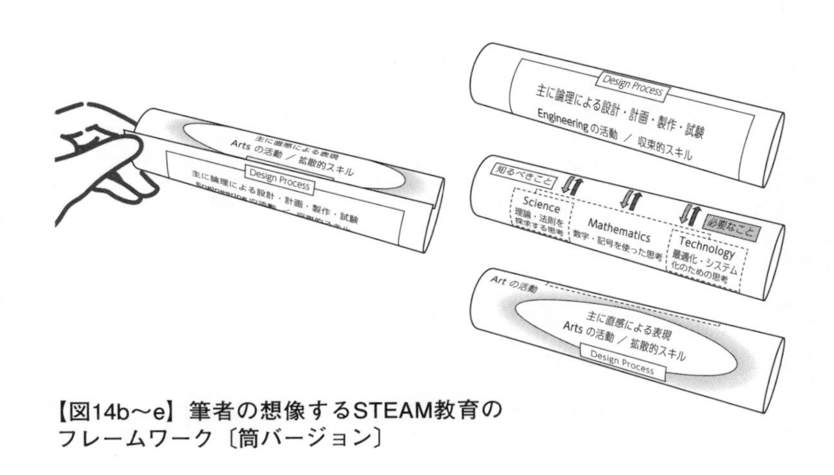

【図14b〜e】筆者の想像するSTEAM教育のフレームワーク〔筒バージョン〕

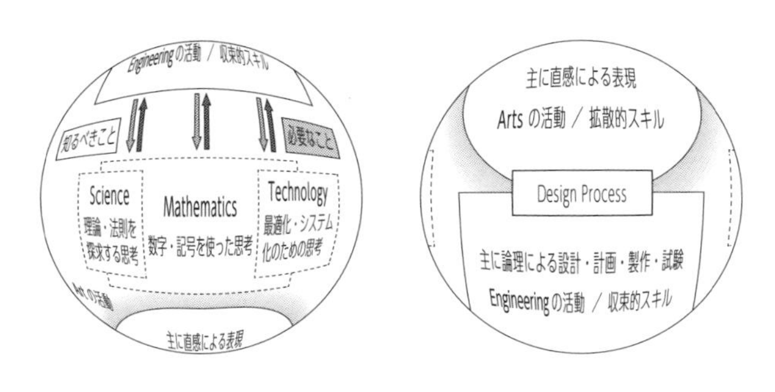

【図14f】筆者の想像するSTEAM教育のフレームワーク〔球バージョン〕。S（サイエンス）とT（テクノロジー）とが近接している。

ワークが意識されないまま、STEAMの各領域に関係する教育実践を行ったとしても、その活動は「STEAMに関する何らかの活動」にはなるかもしれませんが、「STEAM教育」の意図を理解した活動にはなっていないと考えられます。

本書〈3〉〈5〉における学習活動の計画にあたっては「ものづくり」としての木琴制作の場で、直感（聞いた感覚による調整）と論理（算出した長さによる調整）の双方から音板の長さを決定し、音階を完成させることで、STEAM教育の各領域につながる気付きが得られるような活動を意識しています。具体的には【図11】のフレームワークを意識（本実践の段階では【図12】～【図14a～f】に至っていなかった）し、木琴制作をE（エンジニアリング）とA（アート）の活動に位置づけようと考えました[89]。そして、〈3〉や〈5〉の活動中に繰り返される「音階の調整」のために必要な「音板の長さの計算」をM（マスマティックス）、「音板の長さの計測と切断」をT（テクノロジー）、「音板の密度についての考察」をS（サイエンス）としました。ここまでは「ものづくり」に関わる活動内容でしたが、「ものづくり」によって完成した楽器を用いて行う「木琴の演奏」なども含めると、それらは典型的な芸術としてのA（アート）の活動として捉えることができます。以上のように、5領域の定義と相互の位置づけを明確にしました。それらを踏まえ、「ものづくり」を題材としたSTEAM教育を指向した学習活動〈3〉〈5〉を計画します。

以上、第2章では、「教科」とは何か、STEAM教育の活動や教材をどうやって構想していくかについて考えてきました。その際、どのような活動がSTEAM教育を考慮したものといえるか、ということにも考えを巡らせてきました。**学術的な理論構築や再現性の追究ばかりに留まってしまうと実践が行いづらくなってしまいます**が、上記のようなことは意識しておかないとSTEAM教育を考慮した活動とならない恐れがあることから、整理を試みてみました。

次章からは、3つの章続けて、いよいよ実践編です。〈3〉では「木育としての楽器づくり」の活動、〈4〉では「テレビの教育番組を活用したものづくり」の活動、〈5〉では「不完全なキットを用いた楽器づくり」の活動を取り上げ、それらの実践結果について〈6〉で整理します。

3

木育 STEAM

「教科」の学習には、それぞれの楽しさや充実感があります。さらに、筆者は、それらが融合した場合、子どもたちにとって、魅力ある学びになると考えています。

筆者らは、STEAM 教育の考え方に着目し、A（芸術）、とりわけ音楽を基底に据えつつ、「木育」の枠組みの中で展開することを考えました。「子どもたちが、身近な森林資源について学ぶ学習の一環として、音程を調整しながら木材による楽器を制作し、演奏をするという活動」であり、「ものづくり（T・A）」を中心に据え、音階の調整（E・A）や音板の長さの計算（S・M）を経て完成された楽器を演奏する（A・M）という活動により、創造性の育成につなげることができるのではないかと考えました。また、こうした制作の過程を大切にする活動によって、芸術（A）への関心・意欲・態度（主体的に学習に取り組む態度）が向上することも期待されます。

前出の大谷の指摘[90]にあるように、STEAM教育は、横断的な学習活動に活用できるものであるといえます。また、木育は様々な年齢層を対象とした学習活動の展開が可能な枠組みです。どちらも「教科の区切りを意識しない活動が可能である」という点が共通していることから、教科横断的な展開が可能な学習活動になり得ると考えました。さらに、STEAM 教育で重視する「問題解決を試行錯誤して行う」プロセスと「ものづくり」との親和性に着目し、芸術（音楽）を通底させた木琴を制作する学習活動を計画しました。

3-1 木琴づくりの一歩

ここでは、音板を５枚（棒状の音板を５本）備えた木琴を制作することにします。音板はホルダーに立て、それを置くか片手で持つかして演奏します。また、ホルダーを逆さまにすると、音板は紐で吊り下げられた形になり、風鈴やドアチャイムのようにして楽しむことができます。名称は『裏柱振木琴（リバーシブル）チャイム』（後掲の【図17a】【図17b】参照）です。

「未知な状況や変転する状況」において、子どもたちが「問題解決を試行錯誤して行う」というプロセスを経験するためには、多様な学習活動を可能とする枠組みが必要です。ここで、木育がそのような枠組みとして活用できるのではないかと考えました。幼児から高校生まで一貫した教育の在り方が求められるようになった[63]現在、様々な年齢層を対象とした学習活動の実例がある木育が好適であるといえるからです。さらに木材や森林がもつ学習素材としての多様性が、学習活動の多様性につながると予想されました。これらを踏まえ、「教科横断的な展開が可能な学習活動の枠組み」が可能になると考えました。

---

[63]〈はじめに〉で既述。

木育は、平成16年（2004年）に北海道庁の「『木育（もくいく）』プロジェクト」において初めて提唱された用語であり、「子どもをはじめとするすべての人々が、木とふれあい、木にまなび、木と生きる」取り組みと定義されています。平成18年（2006年）に閣議決定された「森林・林業基本計画」では、「材料としての木材のよさやその利用の意義を学ぶ、木材利用に関する教育活動」と明記されています。近年では教育現場等への「木育」の導入が注目され、実践的な研究が数を増しています。例えば、日本産業技術教育学会[91)]による「木育・森育実践事例集」には、小中学校において導入可能な学習プログラムが多数掲載されています。幼児を対象とした音楽に関連する実践については、「幼児と児童を対象に行った楽器づくりと演奏」[92)]があります。これは、主に造形との関連が多い木育を音楽領域に取り入れ、楽器づくりと演奏実践を融合した総合的な表現活動の試みであり、子どもの「表現」に対する意欲向上の面で大きな成果を得たことが報告されています。

木育のさらなる特徴として、地域の森林資源を活用することで「地域連携」の視点を取り入れることが挙げられます。やはり幼児の音楽に関連して、地域の林業グループから提供されたシラカバの間伐（かんばつ）材を用いて保育者養成課程の学生が打楽器（ウッドブロック）を製作し、それを地域の乳幼児を対象としたコンサートで配布し、ともに演奏するという実践が行われています[93]。この実践では、参加者が地域の自然への関心を高める契機となったのと同時に、市販の楽器からは得難い「木」の音色や、楽器を鳴らすことへの興味や関心をもてたことが明らかとなっています。

そこで、木育の枠組みによる指導計画を立案し、授業実践を行いました[94]。

3-2　実践の内容

3-2-1　木育の学習活動（第１次）

木育の実践（3回、計6時間）の概要を【表2】に示します。なお、1回目（以下①と記載、他回も同様に○囲み数字で記載）は令和3年6月7日5・6校時、②は令和3年6月15日5・6校時、③は令和3年6月29日2・3校時に実施しました。

【表2】木育の実践の概要

	主な活動内容
①	【1時間目】教室での授業 ・地域の森林や林業、樹木の種類、木材についての学習（【図15a】参照）  【図15a】教室での授業 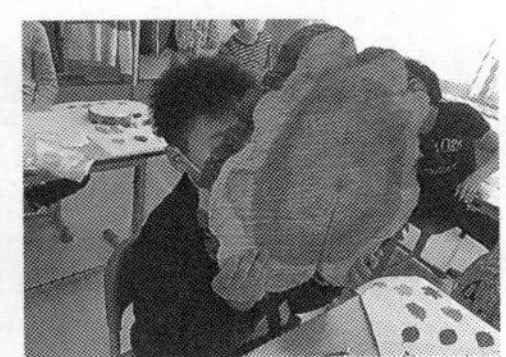 【図15b】年輪の数を当てる

	【2時間目】教室での授業 ・トドマツ輪切りの実物を観察 ・何種類かの木材の輪切りを実際に見て、年輪の数を当てるクイズ（【図15b】参照）
②	【1時間目】教室での授業 ・葉の種類、森の働き、生き物とのつながりについての学習 【2時間目】前半は教室、後半は屋外での授業 ・前半は、樹木や生き物の観察、それらについてのクイズ ・後半は、学校林へ行き、予め指定しておいた木を観察（【図15c】参照）  **【図15c】学校林での観察**
③	【1時間目】屋外での授業 ・学校近郊の湖畔や森での観察、森林についてのクイズ 【2時間目】校外での活動 ・林業についての解説、枝打ちの方法について ・町有林（普段は立ち入ることはできない）へ移動し、枝打ちの体験活動 （【図15d】参照）  **【図15d】枝打ちの体験**

3-2-2　音板の長さと音階との関係に着目した木琴の制作

この学習活動が実践の主要部となります（【表3】参照）。④は令和3年7月5日、⑤は令和3年7月6日2・3校時、⑥は令和3年7月12日2・3校時、⑦は令和3年7月19日2校時、⑧は令和3年7月19日3校時に実施しました。これは、「音板の長さと音階との関係に着目した木琴の制作と音楽づくりの活動」「音や音楽と児童を近づけることや音楽づくりの活動」

として実践しました。

音楽の知識や経験の有無に拘らず、全員が制作や演奏に取り組めるように「それぞれが同時に思い思いに演奏しても音の濁りが少ない音階」「ドレミの音階に依らなくても番号で音を表すことができる仕組み」の２点を考慮しました。その結果、アイヌ民族の楽器「トンコリ」（【図16】参照）の音組織や楽曲を題材とすることとしました。その五音音階であれば、同時に多数の子どもが異なるふしを演奏しても音が濁らず調和します。不快な響きが生じにくく、音楽づくりに不安感をもたず容易に試行錯誤できるため、音楽に関連する活動（A）を肯定的に捉えることにつながるのではないかと考えました。

【図16】アイヌの楽器トンコリ（筆者・芳賀所蔵）

なお、表中のS、T、E、A、Mは、それぞれScience、Technology、Engineering、Art、Mathematicsを示しています。

【表3】「音板の長さと音階との関係に着目した木琴の制作」の活動内容

	児童の活動や発言例	教師の支援や留意点
④	楽器を制作する目的「くらしを支えている森林に、木でつくった楽器で音楽を創って還す」を共有し、そのために必要な知識（音の高さと音板の長さの関係等）を確認する サイエンステクノロジーエンジニアリング アート マスマティックス （S・T・E・A・M）	
	○活動内容を把握する ・アイヌの楽器「トンコリ」の演奏を見て、5音音階であり、かつ弦が音階順に並んでいないことを知り、これと同じ音組織の木琴をつくることを理解する ・木琴（【図17a】参照）をつくる理由、そしてつくった楽器を森で演奏をする理由を理解する  【図17a】制作する楽器 ○音の高さと音板の長さとの関係に気付く ・「音階」の意味の確認をする ・音板と音の高低の関係を科学的に理解する ・音板の長さを特定する手順を理解する ・求めた長さに合うように木材を切断し、5本の音板を完成させる	・教師がアイヌの楽器「トンコリ」で『トーキトランラン』を演奏する ・5本の弦を順に弾き、F#-C#-G#-D#-A#となっていることを示す ・「森林から木を採ってきたことのお礼として、森林に音楽を還したいと思います。その音楽は、アイヌ風の音楽が適していると思うが、どうだろう」と提案 ・「音を低い方から順に並べたものを音階といいます」 ・「短い方が高いか、長い方が高いか」 ・「ナラの棒(音板の材料)をだんだん切って短くしていったらどうなるかな？」 ・制作する音板と同じ高さの音をキーボードで鳴らして照合しながら、木材を切っていく。「今日は代表して先生が切ります。次回、みんなにも一人一人図工室で切る作業をやってもらうね」

<table>
<tr><td></td><td>・自分たちで算出した長さと理論上の長さを比較する

※児童の反応「(結果を聞いて) 惜しいなー！ ほんの1mmの違いか!!」

$$L = \frac{449.01}{\sqrt{f}}$$
・ナラ材とヒバ材では、同じ長さでも、密度によって、叩いたときの音の高さが異なることを確認する</td><td>・「5本揃ったね。でも、この長さで本当にいいか、大学の先生に訊いてみよう」
・森が、黒板に数式を書いて、手計算し、音板の理論上の長さを算出する⑭
・小学校で取り扱われる範囲の数式ではないが、算数・数学と関連があることを意識させるために、ショーのようにデモンストレーション的に演示する。この点においてもA(アート)を意識する 95)
※ A#:20.8㎝、C#:19.1㎝、D#:18㎝、F#:16.5㎝、G#:15.6㎝。
・木材では、部位による密度の違いから誤差が生じることを説明する。「木は自然のものだから、ぎっしりつまってるところと少しスカスカのところがある。そこから出てきた誤差かもしれないね」
・密度による音の高さの違いを体感させる。「違う材料でやってみよう。ヒバというナラより柔らかくて軽い木で、同じ18㎝で比較してみましょう」</td></tr>
<tr><td>⑤</td><td colspan="2">導き出した数値をもとに木材を正確に切り取り、楽器の発音部分を制作する
(T(テクノロジー)・ E(エンジニアリング) ・A(アート)・ M(マスマティックス))</td></tr>
<tr><td></td><td>○木琴の制作（部品づくり）
・この時間に達成すべきことを確認する

・長い木材に、切断位置の印を付ける
・2通りの方法で木材の印を付け、教員の確認を受けた後、糸鋸で切断する</td><td>・この時間の目標が「全員が5本の音板を完成させること」であることを示す。「切ったら切り口に1～5の番号（トンコリの弦番号、F#-C#-G#-D#-A#に対応）を書きます」
・まず、20.8㎝、そこから続けて19.1㎝という具合に順に印を付ける。さらに確認のために端から通算する形で20.8㎝、39.9㎝(20.8＋19.1)という具合に2通りの方法で行わせる。これは、確認作業を兼ねつつ、E(エンジニアリング)の立場と、M(マスマティックス)における測定および計算練習に関わるハンズオンを意識したことによる</td></tr>
</table>

⑭〈2-3〉で触れた通り、本実践では「ナラ（楢）」材を用いたため、誤差が少なかったのですが、木材によってはばらつきが大きく、式に表せないことがあります。

	児童の活動や発言例	教師の支援や留意点
	・完成（【図17b】参照）した児童は、まだできていない児童のものを手伝う  **【図17b】作成した楽器を吊り下げた様子**	
	・ヤスリがけ作業を行う	・余裕のある児童には、ヤスリがけの作業を指示する
	・模様の塗装作業を行う	・アイヌ紋様の型紙を切り抜き、スプレーで色づけする
	・叩いて音を出してみる	・音板を台に並べ立て、試奏させる
⑥	音板以外の部品を加工し、楽器を完成させる（T（テクノロジー）・E（エンジニアリング）・A（アート））	
	○木琴の制作（木琴の組み立て） ・音板・マレットの加工	・音板とマレットの先端に小さい金具、台枠に大きな金具を設置
	・台枠の加工	・台枠にナイロン糸を通してグルーガンで接着する
	・完成したら、風鈴として楽しむ	・全員の完成を確認する
⑦	個人、およびペアで音楽づくりを行い、森林で演奏する場面のイメージをもつ（A（アート））	
	○音楽づくり ・トンコリの音組織を使用して、作成した木琴で音楽づくりをすることを確認する	・トンコリによる演奏で見本を見せ、それを木琴でやることを示す
	・音楽づくりの方法を理解する	・『トーキトランラン』のリズムを活用 ・ワークシートには、弦番号（=音板の番号）の数字で書き込んでいく
	・個人の作品ができたら、ペアやグループ（音を重ねたり、交代で演奏したり、旋律に対してドローンを重ねたりする等）で音楽づくりに取り組む	・個人の作品ができたら、ペアやグループで取り組む。その際、個人の作品をベースに、それを組み合わせて構成させる（森林で個人で演奏する場面を確保するため）

⑧	くらしを支えている森林に音楽を還すという意識で、演奏を行う(A（アート）)	
	○学校林で、自分たちのつくった音楽による演奏会を行う	・学校林で演奏会を行うことの意図を確認する

実践中には、音板（棒）の長さを意識、着目して、手元に長い順に並べた上で、「一番長いやつ！」という感じでセットする様子も見られました。その際、アイヌの楽器「トンコリ」の弦番号と同様の順（高低が交互になる等、音の高さが順番通りではない）にセットしていくのですが、むしろ、トンコリ本来の「弦」よりも、音の高低がはっきりと目に見えることになります。弦は、太さの違いはともかくとして、張力は目で見ても、よほど弛（ゆる）んでいない限り分かりません。すなわち、振動数はなかなか目に見えませんが、それを左右する音板の「長さ」は見えるので、長さ（Ｍ（マスマティックス））を媒介にして、振動数と音高の関係に気付くことができます。

また、アイヌ紋様には対称なものがあり、そうしたことに気付いたならば、それは算数の学習ともいずれは関連することになります。実は、アイヌの楽器「トンコリ」の音組織を活用しただけでも、こんなに様々な可能性が拓けてくることになったのです。

セレンディピティ（偶然の幸運を摑み取る能力）という言葉があります。大人も、子どもたちに負けないで、日常の様々な事象に関心をもっていることが、豊かな活動につながるということ

【図18】活動の締めくくり
は植樹体験

【図19a】森に音楽を還す

【図19b】森に音楽を還す

【図20】植樹中はチャイムの
心地よい音が周囲に響く

【図21】植樹体験

【図22】植樹を見守るチャイム

ができそうです。

ところで、この活動を「総合的なふるさと教育」として構成することを考えたとき、次のような展開が考えられます。①森林について学ぶ→②森林に親しむ→③木材を活用した楽器づくり→④音楽づくり→⑤森林に音楽を還す（演奏）→⑥植樹体験、という一連の活動を通して、子どもたちが人間力を高めていくというものです。長期的に考えると、⑥で先輩が植樹した木を使って楽器をつくり、また後輩のために植樹しておくという伝承的なサイクルも考えることができたら、まさに持続可能な教育活動としての側面をもつものと考えられます。

このことに関する動画は、以下をご参照ください。

総合的なふるさと教育─「木育」と「STEAM 教育」の組合せによるふるさと教育の実践例─

https://youtu.be/o6Orp4CXDZc

（※上記でご覧いただけない場合は、以下の URL もお試しください）
総合的なふるさと教育：「木育」と「STEAM教育」の組合せによるふるさと教育の実践例

https://youtu.be/JU1MZ2jxEt0

以上、第３章では、木育の枠組みにおいてSTEAM教育を展開した実践例（記録）を掲出しました。いずれも「教科の区切りを意識しない活動が可能である」という共通点があり、教科横断的な展開が可能な学習活動の枠組みになり得ると考えたからでした。さらに、STEAM 教育で重視する「問題解決を試行錯誤して行う」プロセスと「ものづくり」との親和性に着目し、芸術（音楽）を通底させた木琴を制作する学習活動としました。実践結果については〈6〉において、他の〈4〉〈5〉と併せて整理します。

4

STEAM 教育をコンセプトにした
テレビ番組の活用

NHK（日本放送協会）教育テレビ（Eテレ）の教育番組は、筆者も子どものころ、よく視聴しました。実に細かい配慮のもと、丁寧につくられているという印象をもっていました。

その教育番組にSTEAM教育を題材にした『ツクランカー』が登場しました。この番組は、「STEAM教育の考え方を取り入れた新しい課題解決型学習」「総合的な学習の時間での活用を想定」「2本セットで1つのテーマに取り組み、1本目はものづくりを始めるきっかけに、2本目はつまずいたときの参考になるように構成」[96)]というコンセプトでつくられています。ものづくりに際する様々な困難を、学校で学んだ知識・技能や専門家からのヒントを活用しながら乗り越えていくという番組で、意味ある試行錯誤を重ねていくことが重視されています。

筆者は「おと」の回の制作に関わりました[65]。「おと」の概要は以下の通り[97)]です。

（1本目）

1年生の弟が教室のドアの音を怖がるのを心配する主人公。ワクワクさせるために、ドアチャイムづくりに挑戦する。

テーマは「1年生が学校に来るのがワクワクするようなものづくり」。主人公の弟が教室のドアの開閉音を怖がったことを

㊵ 芳賀均・森健一郎『楽しい合科的学習の実践』文芸社、2020、pp.13-28.掲出の「弦楽器を用いた活動」を参照し制作されました。

きっかけに、ドアにワクワクするしかけをつくることを志す。その過程で、ポイントとして「くらべてちがいを見つける」「見える形にして考える」というスキルを伝える。

（2本目）

テーマは「1年生がワクワクする音づくり」。「箏（こと）」をベースに、教室のドアの開閉音を怖がる子がワクワクするオリジナルのドアチャイムづくりに挑戦する。

町工場の問題解決の知恵や、音の調和の専門家の知恵を参考にしながら理想の「和音」を目指す。参考にしたスキルのポイントは「もれなく重なりなく考える」「組み合わせをためしてみる」。

番組の内容については、以下の通りです。

（1本目）	
○問題場面	・クラスの子が乱暴にドアを閉める音が怖くて、1年生の弟が、教室に入りたくない ・教室のドアに、何かワクワクする仕掛けをつくったらどうか （よくお店の入り口にあるドアチャイム）
○何かを知らせてくれる音について知る	・身近な暮らしの中にヒントを探してみる （何かを知らせてくれる音には、それぞれ目的に合わせた工夫がある。目覚まし時計、信号機、踏切の警報装置・踏切の音） ・放送室のチャイムには、どのような音の工夫があるか （音板の叩き方（順番や組み合せ）で印象が変わる）

○音について理解する	・音を観察してみる （楽器が振動して音が出ている様子をスローモーションで観る。ティンパニ・バス木琴、強く叩くと振動が大きい。箏、弦の長さを半分にして弾くと、1オクターブ高い音が出る）
○楽器づくりの構想	・設計図を描く （ドアを開けると、箏の優しい音が鳴る。3つ弦があるから、色々な音が鳴ってワクワクしそう）
○ものづくりのプロの話	・超音波フードカッターの開発にまつわる話 （超音波技術を用いたカッター。開発当初と完成型では、形状がまったく異なるものができた）
○ものづくりに対する意識づけ	※「みんなならどんなものつくる？」

（2本目）	
○前回の振り返り	・教室に入るときにワクワクするような、音を出す仕掛け （ドアチャイム。弦は理科の実験で使うニクロム線）
○試作1	・試奏するが、響きのよくない濁った音が出る
○ものづくりのプロが行う改善方法を知る	・ものづくりのプロ（東京都大田区の町工場）の金属部品づくりのエピソードを聞く （あらゆる角度から原因の洗い出しを行う。ロジックツリーを活用して、問題の原因がどこにあるかを、一つ一つ順番に確かめていく。「重なりなく」「もれなく」ということが大切）
○試作2	・弦の素材を変えて、音も高い音と低い音が出せるように、弦の長さも変えた ・しかし、3つの弦を同時に鳴らしてみると、不安な感じの落ち着かない音が鳴る
○音の組み合せについて音の専門家から学ぶ	・音の調和が大切である （今から30年以上前、電車が発車するときは、けたたましいブザーが鳴り響いていた。そこに、調和を考えた新しい電車の発車サイン音を導入。路線ごとに個性がありながら、同時に聞こえても調和する）
○完成	・苦労したかいがあった （教室のドアの開閉の度に弦が鳴る。弦の張力を調節して音高も変更できる）
○ものづくりに対する意識づけ	※「みんなならどんなものつくる？」

この番組を視聴、活用して、学級において、ものづくりを通

した試行錯誤、問題解決の活動を行うとしたら、どのようなことが可能でしょうか。こうしたTV番組は、実際、現場（教室）では、どのように「使用」されているかといえば、もしかしたら、ただ観るだけということも少なくないのではないでしょうか。ここでは、『ツクランカー』が２本セットであることの意図を生かすことを考慮したいと思います。

以下に、２つの学級における実践を掲出いたします。とにかく、何をやっていいか分からない、というときには、とりあえず、身の周りを見渡したり、普段の学習を見直したりして思いついたことから実践してみるというのもよいと考えます。

ここでは、実践した学校で例年取り組んでいる「福祉に関すること」を題材とした例、また、６年生が卒業に際して「下級生のために何か楽しいものを学校に残していくこと」を考えた、という例を取り上げます。こうした、「福祉」や「卒業制作」は、すでに学校で毎年のように行われている活動である場合があり、〈**1-2**〉で述べたように、「方法」を工夫するだけで、一気に、より総合的な展開が可能になると考えられます。

なお、「ものづくり」を題材にしている活動ですが、本書でA（アート）と並んで重視するE（エンジニアリング）については、〈**2-3**〉で触れたように、「実用性や効率性を究めた運用を目指す」立場から、額面通りに「ものづくり」だからといって、つくることにばかり意識を向けるのではなく、(p.108 でふれた) **どのように使うか**等のことも視野に入れておくことが重要であると考えます。

4-1　お年寄り 音で幸せ大作戦 !![98)]

(1)【学校名】浜頓別（はまとんべつ）町立浜頓別小学校

(2)【活動の概要・ねらい】

本校では、総合的な学習の時間として、福祉の学習に取り組んでいます。これまで、老人ホーム等を訪問して交流したり、器楽やダンス等の学習活動の成果を発表したりしていました。コロナ禍である今年（令和 3 年度)、子どもたちは、番組を活用し、「音でお年寄りを幸せにしてあげられるものを作ってプレゼントしよう！」というねらいで活動に取り組みました。様々な方々にアドバイスをいただきながら、よりよいプレゼントをつくるべく何度も試行錯誤を繰り返す過程で、多くの学びを得ることができました。

(3)【実践のポイント】

○番組の活用

番組視聴（1 本目）→試作→番組視聴（2 本目）→改善という順序で学習活動を行いました。事前に福祉の目的やお年寄りについて学習し、目的意識や見通しをもった上で、1 本目の番組を視聴しました。番組視聴後の創作活動を見通した上で番組を視聴したことで、つくりたいものを具体的にイメージすることができました。ある班では、外出が楽しくなるよう、扉に明るい音の出るドアチャイムを付けることを考えました。また別の班では、お年寄りの癒しとなるような、音の出るぬいぐるみをつくることを考えました。班ごとに試作したあとに２本目の番組を視聴し、問題解決のプロセスを学んだことで、試作品をよりよくしたいという思いが高まったと同時に、改善のヒントを得ることができました。

○うまくいかないときに

子どもたちにとって、制作は問題解決の連続でした。「音がならない」「固定されない」「もっと見た目をよくしたい」「密閉したい」「もっときれいな音にしたい」……。それら一つ一つの問題を、何度も試行錯誤や実験を繰り返したり、ときには様々な人にアドバイスをもらったりして乗り越える過程で、子どもたちは大きな学びを得ていました。子どもたちに関わる際は、答えを提示するのではなく、うまくいかない原因を一緒に整理することを心がけました。

(4)【実践者のアイデア】

「お年寄りを幸せにしたい！」ということから学習が始まったことで、音を活用する際にも、「この音じゃ、あまり楽しい感じがしないよ」「この音はうるさすぎてよくないね」など、明確な目的意識をもって思考を働かせる様子が見られました。「よい作品を作る」ということは、学習の達成感としてもちろん重要ですが、教師側がそればかりを求めてしまうと、子どもたちの学ぶ機会を奪ってしまうと感じました。子どもたちは、失敗やうまくいかないという経験を繰り返し、そして乗り越える過程で大きく成長します。教師は、その過程と、子どもたちの試行錯誤を見取りながら、価値づけをまめに行うことが重要なのではないかと思います。

第一次	【1時間目】 ・目標の共有 ＜お年寄り　音で幸せ大作戦‼＞ ・お年寄りはどんなことに困っている？ ・身の回りにはどんな「音の力」がある？ 【2時間目】 ・番組視聴 『ツクランカー』「おと」①の視聴。音がなる仕組みについて考える。 ・お年寄りを幸せにできそうな音の仕組みを考える。 【3時間目】 ・アイデアの共有 ・班ごとにつくるものを決定し、設計図を書く。
第二次	【4・5時間目】 ・試作品づくり ・紙で模型を作成する。 ・身近にある材料で、試作品を作成する。 【6時間目】 ・試作品の完成 ・学級全体で試作品の交流 ・番組視聴 『ツクランカー』「おと」②を視聴。 ・試作品をもとに、問題点を洗い出す。

<table>
<tr><td></td><td>・問題点に対する改善策を班ごとに考える。
【7時間目】
・番組視聴
『ツクランカー』「おと」②を視聴。
・試作品をもとに、問題点を洗い出す。
・問題点に対する改善策を班ごとに考える。（活動の様子は【図22a~c】を参照）。

【図22a～22c】制作中の児童</td></tr>
<tr><td>第三次</td><td>【8～10時間目】
・前時までに考えた改善策をもとに、制作を進める。
・何度も試したり、アドバイスをもらったりしながら、試行錯誤を繰り返す。
【11・12時間目】
・つくった音のしかけを班ごとに発表する。
・さらによりよくするためのアイデアを出し合う。</td></tr>
</table>

(5)【制作の１段階目の途中で、うまくいかなかった部分とその改善策】（児童の気付き・児童同士のやりとりのメモから転載）

《A 班》のワークシートの記述（原文ママ）

作品：「チャリンチャリンすずっくま」

○工夫したこと・改善したこと

- 本体と耳をくっつけたこと
- グルーガンからぬうことに変えたこと
- 目に光をつけたこと
- 全体的に顔を変えたこと

- すずを直せつ入れようとしていたのをあみの中に入れて、わたの中に入れることにしたこと

○活動をふり返って

- 音のならし方を工夫できてよかった。
- グルーガンからぬうのに変えてよかった。
- 工夫したから、お年よりの方によろこんでもらいたいなと思う。

○もっとよくなりそうなこと+みんなからのアドバイス

- 耳にわたをもうちょっと入れられそう
- やっぱりガーゼだとほつれてしまうので、もう少しかえたい。
- うさぎみたいになってしまったので、もう少しなおしたい。
- ほっぺをもう少しあげたらいいと思う。

- 布を切ったが、綿をくるめない→布を大きめに
- すずを直接わたでくるむ→音がしない→隙間を空ける？→音がしない→小さな容器の中にすずを入れれば綿にすずが接しないが、密閉してしまっては、外に音がしないのでは？→金属の網の中にすずを入れよう（網の方法、最高班が聞きに来る）
- 表裏の布で綿をはさんだ状態で、グルーガンでくっつけられない→最高班が、布をまず縫って、隙間から最後に綿を入れているのを学び、先にグルーガンで布を接着。

《B班》のワークシートの記述（原文ママ）

作品：「幸せのベル」

○問題点

①ドアを開けしめしたときにベルがうまくならない

②大きさがでかい

③むすび目のあまりがもったいない

④むすび目とぼうの終わりとのバランスが悪い

⑤きゅうばんの近くのグルーガンができない

⑥きゅうばんの近くて上の方のぼうの色が落ちている

○どうやって解決させる？

①ひもをもっと長くする

②ぼうを小さくする

③極げんまでひもをむすんで、あまった分を切る

④できるだけ上でむすぶ

⑤グルーガンの量をへらす。

⑥色をもっとぬる。

○（欄外に）

- ちゃんとくっつく
- ひもがとれない
- ベルの音がきれい
- ぼうの長さがちょうどいい

- 少しの振動（戸を閉める）で下に落ちてしまう→ベルが重すぎ？→吸着力が強い吸盤に変える
- 戸を閉めても音がならない→振動で鳴るようにするのではなく、柱にぶつかって鳴るようにしては？（実験を見ていた他の班の子のアイディア）→ぶつからない→ひもが短い？→ひもを長くする

《C 班》のワークシートの記述（原文ママ）

作品：「幸せを呼ぶベルベアーちゃん」

- ビンのふたを二つ組み合わせたものにすずを入れる→あまりいい音がしない→ビンではどうだろう→いい音はするが、重い・人形をさわったときに固い（さわり心地が悪い）→世界一班から学んで、中に網を入れる方式に。
- 思っているような音にならない（うるさい）→（中におはじき・すず大・すず小を入れていたが）おはじきをぬく？ 大きいすずが原因か？　小さいすずだけにすると、音が高すぎる

《D 班》のワークシートの記述（原文ママ）

作品：「キラキラ風りん」

- プラコップ大（筆者注：プラコップ［大］）を切って、液を入れ、クリアファイルを切ったものでふたをし、グルーガンで止める→わずかな隙間から液が漏れる→切らなくてよいように、小さなコップにする
- すぐ完全に切り替えずに、大きいコップで漏れない方法ないか／小さいコップの方法のどちらもやってみて比較をする

なお、板書は、【図23a】【図23b】の通りです。

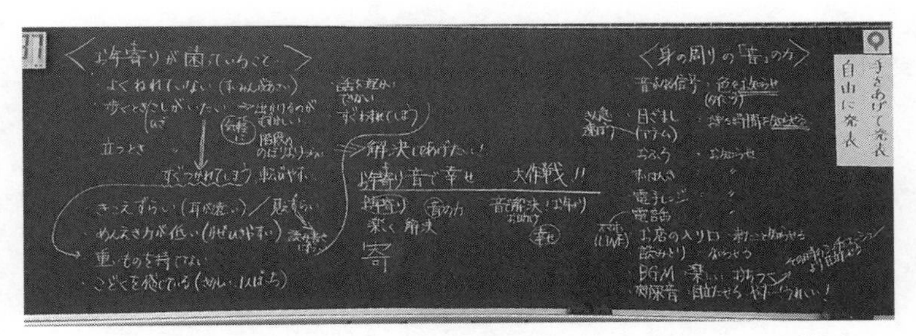

【図23a】ものづくりのコンセプトや音について話し合った様子が書かれている板書

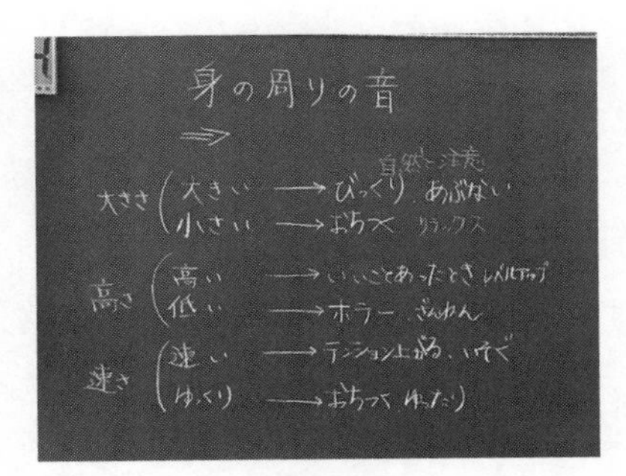

【図23b】音と感じ方の関係について検討した様子

4-2　学校に楽しい「音のしかけ」を残そう！[99)]

(1)【学校名】留萌(るもい)市立緑丘(みどりがおか)小学校

(2)【活動の概要・ねらい】

卒業を前にした６年生が、下級生にとって「学校がより楽しく、わくわくする場所」と感じられるように、校内の様々な場所に取り付ける「音のしかけ」づくりを行いました。試行錯誤を重ね、ねらい通りに改善することができたという経験を重ねることで、粘り強く取り組む姿勢の育成を図りました。

また、より深い学びとなるように、他教科の学習とも関連させながら改善策を考えることも意識させるようにしました。

(3)【実践のポイント】

○番組の活用

今回活用した『ツクランカー』は２本構成となっており、1本目は課題把握の場面で活用しました。どんなものをつくりたいかや、なぜその仕組みをつくるのか、見通しをもつきっかけとなりました。２本目は試作品をつくった後に視聴しました。試作品を完成させた時点で素材として安全性が確保できないもの、そもそも音が鳴らないものがいくつもありました。そこで２本目を視聴することで、問題解決への手立てを得ることができました。

○試行錯誤を重ねる

番組視聴後、グループごとに「音のしかけ」の試作品づくりを行いました。その後、グループ協議を通して問題点を洗い出し、それらを解決するためにどんな改善を加えればよいかを考えました。次々に出てくる課題にどう対処するか、試行錯誤を重ねながら課題解決に向かっていけるようにすることで、プログラミング的思考力を高めていきました。

○他教科との関連

ものづくりをする中で、理科で学んだことや音楽で身に付けたことなどを生かすように伝え、他教科との関連を意識させました。そのために全学年、あらゆる教科の教科書を自由に見ることができるようにしました。

あるチームでは、理科の「振り子」の学習を生かし、音がうまく鳴るように振り子の周期を変えるという工夫をしている姿が見られました。またその上で聞き心地のよい音にするために、音楽の「和音」の知識を生かしている様子もみられました。

(4)【実践者のアイデア】

ものづくりを行うにあたっては、目的意識をもたせることが重要だと感じました。しっかりと目的を定めることで、「何をつくるか」「どんな音になればよいか」「どう改善したらよいか」という見通しを立てることができました。普段の図工の学習などでは、与えられた課題をクリアしたらそれで満足してしまう子どもたちでしたが、今回の学習を通して「もっといい音がなるかな」「見栄えはどうだろう」と何度も改善を加える姿が見られるようになりました。作品づくりに大切な要素を明確にしておくことで、子どもたちの作品を適切に評価し、改善につなげる声がけをすることができました。また、材料は豊富に揃えておく必要があります。子どもたちの思考が広がるよう、事前に多種多様な素材や工作用具を集めておくという教師側の準備もとても大切だと感じました。

<table>
<tr><td>第一次</td><td>【1時間目】
・目標の共有
＜学校に楽しい「音のしかけ」を残そう＞
番組視聴
『ツクランカー』「おと」①の視聴。音が鳴る仕組みについて考える。
→自分がつくりたいもののアイデアを考える（宿題）。
【2時間目】
・アイデアの共有
・つくるものを絞り込み、グループを決める。
・グループごとに具体的な計画を立てる。</td></tr>
<tr><td>第二次</td><td>（活動の様子は【図24a~d】を参照）
【3・4時間目】
・試作品づくり
身近にある材料で、模型を作成する。
【5時間目】
番組視聴
『ツクランカー』「おと」②を視聴。
・試作品をもとに、問題点を洗い出す。
・問題点に対する改善策をグループごとに考える</td></tr>
</table>

	   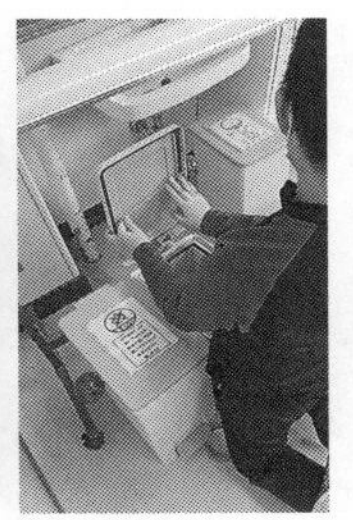 **【図24a～d】制作中の児童**
第三次	【6～8時間目】 ・前時までに考えた改善策をもとに、ものづくりを進める。 ・実際に設置し、試しながら新たな課題を見つけ、さらに改善する。 【9時間目】 ・つくった音のしかけをグループごとに発表する。 ※発表の場にないものは、端末を活用して発表。 ・さらによりよくするためのアイデアを出し合う。 ・問題点に対する改善策をグループごとに考える。

以上、第４章では、教育番組の視聴と並行して「ものづくり」を通した問題解決の活動を行うことで、「学校で学んだ知識・技能」を活用しながらTinkering（ティンカリング）（意味のある試行錯誤）につなげることを意図した実践について述べました。その際、「福祉」や「卒業制作」といった、すでに学校で毎年のように行われている活動を生かして、その「方法」を工夫することで、より総合的な展開を可能にしようとしました。さらに、E（エンジニアリング）について、「実用性や効率性を究めた運用を目指す」立場から、「ものづくり」だからといって「つくること」にばかり意識を向けるのではなく、どのように使うか等のことも視野に入れる

ようにしました。実践結果については〈6〉において、他の〈3〉〈5〉と併せて整理します。

5

木琴づくりに用いる教材セット「不完全なキット」

本章で述べるキットは、〈３〉で扱った『裏柱振木琴チャイム』の拡大型です。音板（棒状の音板）を８音を備えた規模として、いわゆるドレミファソラシド（の１オクターブ）を演奏できるものとします。〈３〉と同様に、音板はホルダーに立て、それを置くか片手で持つかして演奏します。また、ホルダーを逆さまにすると、音板は紐で吊り下げられた形になり、風鈴やドアチャイムのようにして楽しむことができます。なお、音板を自由に取り外して、使用する音を選択できるオルフ楽器のように、任意の音板を取捨選択することができます。任意の音階をつくり、音楽づくりや演奏時にも、また、吊り下げて風鈴やドアチャイムとしても、様々なメロディーや響きの味わいを楽しむことができるようにしました。それは、Aを基盤としたSTEAM教育を実践することを目指し、音楽に関する体験的な授業実践が有効であると考えたからです。

その際、「音の高さ（音高）」という「直感で適否が即時的に判断できる現象」による調整（調律）が伴う楽器の制作を通して、「目的をもった試行錯誤」を繰り返すことができれば、各教科で学んだ事項を活用する場面が生じ、STEAMの各分野にも関連づけられると考えました。

5-1　不完全なキット

「キットだからきっとできるよ！」という駄洒落を聞いたことはありませんか？　理科における電気や物理運動の実験セットのように、学習を進める上で活用される教材のキットがあります。それは、およそ失敗することなく組み立てることができるよう、きちんと整えられた、不足のない部品がセットになっています。

しかし、ここで試みてみたかったのが、「音程の調整」という目的のもとで「試行錯誤」するために、あえて部品となる材料の完成度を低くして、必ず完成するとは限らない「不完全なキット」を用いることです。

先述のような、音楽に関する体験的な授業実践とするために、制作した楽器を用いて音楽づくりを行う活動を重視しますが、これは、音楽づくり・演奏を行うことによるA（アート）の側面を担保することのみならず、楽器制作に対して、子どもがより精度を追究する必然性をもたせるためでもあります。楽器は、構造や仕組みが理解しやすい木琴として、先述の『裏柱振木琴チャイム』（リバーシブル）を拡大したものを選択し、先述の「不完全なキット」を【図25】のような市販教材[66]として考案しました。「キットなら

[66] いわゆる市販教材は教材会社によって制作され、販売されていますが、一般の書店では入手できません。家庭から集金（私費会計）し、教師が教材販売業者に発注し、学校に一括して納入され、児童に配布されます。それらは教育委員会への届け出等が必要となっています（地方教育行政の組織及び運営に関する法律・第33条の2項）。

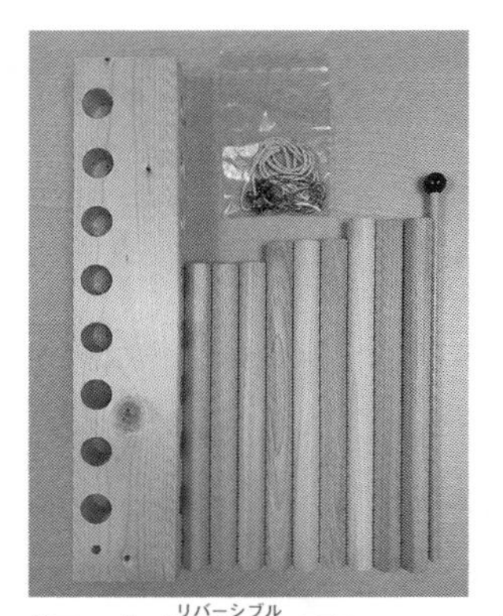

【図25】『裏柱振木琴チャイム』キットの内容物

(開発協力：アクトエデュケーション・永尾隼)

きっと完成できる」という安易さとは一線を画し、自分なりの工夫や試行錯誤、友達との協力・協働といったことが必然的に起きるように仕掛けてみたかったのです。

市販教材として開発した理由は、「販売ルートが確保され、実践のための準備時間などを短縮できる」「本実践が筆者と実践校のみに限定されたものにならず、学校現場に広く還元することができる」といったことを意図したことによります。STEAM 教育が学校現場の日常的な実践として浸透しにくい理由としては、「教師の多忙による時間の確保の難しさ」や「入手できる資料や材料の制約」といったことが考えられ、それらを回避する手段となり得ると考えたからです。もし、教師が教材を自作しようとしたとき、多忙による制作時間の確保の難しさや入手できる資料や材料の制約等が課題として挙げられますが、市販教材は、それらを回避する手段となり得るものであるといえます。

ところで、子どもたちに、キットに対するイメージについてのアンケート調査をしてみました（浜頓別小学校４年生は令和３年

12月、留萌緑丘小学校6年生は令和4年2月に実施）。その結果は、次の通りでした。

(1)【事前】「ソーラーカー」などの組み立てキットをつくったことがありますか？ 「ある」と回答した場合→追加設問「完成しましたか」
浜頓別小学校（15件）・留萌緑丘小学校（28件）とも、全員が「はい」と回答し、追加設問についても全員が「はい」と回答した

この結果からは、全員の子どもが、何らかのキットを扱い、全員が完成できた経験をもっていることが分かりました。

(2)【事前】キットのよいところを書いてください	
浜頓別小学校（16件）	すぐでんちをつなげたらはしる所 / かんたんで楽しくできる でんちで走る / かんたんにできる / いろいろな物をあつめなくていい / かんたんすぐできる / すぐできる / かんたんにできる。 / すぐにできる・かんたん・材料をそろえなくて良い / そざいがいらない / だれでもできる / だれでもできる / かんたんにできる / かんたんにだれでもできる。/ 知しきが無くてもだれでもできる / 楽にできるからです。（すべて原文ママ）
留萌緑丘小学校（29件）	部品がぜんぶ入っていてすぐく立てれる（筆者注：すぐに組み立てられる）/ 想像力を強くする事ができる / 説明書がちゃんと入っていること / 作るのは難しいけど速い / 簡単につくれる所 / 作り方がわかりやすいところ。/ 自分たちで作って学べる所。/ 作りやすい　簡単　楽しい / なんかいでも組み立てれること / 材料がそろっているところ / 自分で作るから仕組みが分かるからです。 / 作ってて楽しいところ / 自分でせっけい図を見て組み立てられる所 / 楽しくつくれるところです / 組み立てるのが簡単 / 自分で組み立てることがよいところ。 / 学ぶべきことがピンポイントでできるところ。/ 作り方が書いてあるので分かりやすく作れる。/ 部品が全部ある。 / 説明がかいてあってわかりやすい。 / 楽しめるところ。 / 電池とかが入っててらくな所。 / 説明書が分かりやすい。 / 簡たんに作れる / 作る事を楽しむことができる。/ キットの物だけで出来る。/ 組み立てて完成したたっせいかんがある。/ けっこう早く作れる　簡単だから / 簡単に作くれる（すべて原文ママ）

この結果には、「誰でも」「簡単に」「分かりやすく」「早く」つくることができるという内容の回答が目立つようです。

(3)【事前】今回は、木琴をキットでつくります。うまくできると思いますか？ いいえ=0、はい=1として集計		
		「いいえ」の回答理由
浜頓別小学校（16件）	平均値：0.63	どんな音がでるか分からないから / コワイ / むずかしいと思うから /工作がニガテだから！ / きるのをしっぱいするかもしれないから / やり直しがきかないから。 (すべて原文ママ)
留萌緑丘小学校（29件）	平均値：0.24	きれいな音がでなそうだから。 / 木琴は長さが違うし、難しそうだから。 / 長さ調節が難しそうだから。 / 大きいらしいし、難しそうだから。 / 作ったことがないから / 難しそうだから。 / 難かしくて / 木琴を作るのが難しそうだから / 作り方を知らないのと、仕組みが分からないからです。 / 難しいと思ったから。 / 作ったことがないし、キットだからといって完成するとはかぎらないから / 難しそうだからです / 難しそうだから。 / 音を調節しずらそうだからです。 / 作ったことがないのから。 / 音の調節が難しそうだから。 / 音をつくるのが難しそうだから。 / ぶきようだから / 自分はキットを作るのが苦手だから。 / 作るのが難しそうだから。 / 手さきがきようじゃないから / 音の調節が難しそうだから (すべて原文ママ)

この結果からは、うまくできないかもしれないという不安を感じている子どもは、「難しそう」「やり直しがきかない・完成するとは限らない」という気持ちをもっている様子もうかがえます。

(4)【事前】実は……、今回の木琴は、自分たちで木材の長さを突き止めて、切断してつくります。長さを間違えると、正しい音程の出せる（きちんとした）木琴になりません。また、もし切りすぎたら、元に戻すことができません。このことについて、どう思いますか？（下線の引いてある箇所は、本教材に対する戸惑いに類する記述です）	
浜頓別小学校（16件）	でもよびがあるかも しっぱいしたらこまる / こまる / 大変だと思う / あきらめる / むずかしそう / すごくこまる / むずかしい / こまる。 / むずかしそう / 少しむづそう、キットなのか？ / ちょっと不安です。/ ちょい不安…。/ 超ハードル高いと思います！ / むずかしいと思います。 / もはやキットでは無いと思う。 / 少し不安。　（すべて原文ママ）
留萌緑丘小学校（29件）	難しそうだと思った。/ きちんと切る所を決めて切らないといけない。/ 不安だし、きん張する。/ 少し難しいと思ったけど楽しそう。/ ちょっとずつ切断しようと思った / すごいの作るのが難しそうと思いました。/ 心配に思った。/ 難しそうだし、心ぱいでこわい。/ 音がならなくなるのがこわい。/ 大変で、しっかりやらないといけないと思いました。/ 不安。失敗したらどうしよう。と思いました。/ すごく難しそうだと思った。/ いままでで一番キットの中で難しいと思います / すごく難しそうと思いました。/ がんばろうと思った。/ ゆっくり、確実に作ろうと思った。/ 直感が養えていいと思います。/ 一度切ってしまうと元にもどせないから少し難しそう。 / 難しそう。 / 長さをちゃんと計って正確にきらないといけないからむずかしい / 難しいけど、そういうものこそていねいにつくることができると思う。 / むずかしい。/ ふざけないでやったほうがいいと思う。/ その長さでがまんする。/ 少しまちがえたら、大変そう。/ 少し難かしそう。大変そう。 / ゆっくり切っていくといいと思った　しんちょうに / ハードル高そう。 / 失敗しそう　（すべて原文ママ）

以上の結果からは、「難しそう」「丁寧につくろうと思った」といったものや、「失敗しそう」という心配をしている様子が見られました。また、キットとしては、「キットなのか？」「もはやキットでは無いと思う」「いままでで一番キットの中で難しいと思います」といった、キットの印象に関わるものが見られました。

5-2　実践の記録

ここでは、2校における実践を、ほぼ同一の実践となったこともあり、組み合わせながら掲出します（異なる部分は併記する形で整理します）。

(1-1) 留萌市立緑丘小学校6年生
（第1・2時、【図26a〜f】参照）

（🐻：教師　🐰：児童）

🐻この活動では、木琴をつくります。しかし、直接この活動が将来に役立つかといえば、そうとはいえません。なぜならば、将来、木琴工場に勤める人はいますか？（子どもたちが笑う）いたとしても、ごくわずかですね。しかし、この活動を通して、たくさん考えたならば、思考力が養われます。うまくいかないな、投げ出したいな、というときも、助け合って乗り越える。完成した木琴で楽しく音楽づくりをする。そうした「今」が、将来そのものになります。だから、将来役に立つかどうかを考えるのではなく、今を思いっきり活動したり、楽しんだりしてほしいです（子どもたち「はい！」）

🐻みなさんの目の前に、棒が9本ありますね。必要なのは8本なので、1回だけは取り返しがつくかもしれません。

しかし、さらに油断すると、今回のキットは、どうにもならないかもしれません（子どもたちがどよめく）

以上のような語り出しから、展開していきました。各自の木材に出席番号を記入した後、概(おおむ)ね、棒が短いと音が高くなることを確認しました。その後のやりとりは、次の通りです。

例えば、この棒、叩くと（電子キーボードの音と照合する）『ド』の音ですね。これを『ミ』にしたかったとしましょう。どうしますか？

1cm 切る！

2.5cm！

切ってみようか。どれくらい切ると、どのくらい音が高くなるか確かめてみよう。とりあえず半音上げてみよう。どれくらいかな？

2cm！

では、2cm 切ってみよう。（電動糸鋸(いとのこ)を用いて切断する）よし、切ったぞ。叩いてみよう！（音を確認する）あ、半音２つ分上昇してしまいました。半音１つ分上げたかったのに、２つ分上がってしまいました

あー……

どのくらい微妙な作業か分かったかな？

はい！

――ということは、どれくらいにすれば、半音１つ分上がるのかな？

1cm！

そういうことになるね。でも……今は長い棒を切りましたよね。もし、これが短い棒だったら、やはり切り方は同じかな？

同じ

1cm

……いや、違う

何？

短い棒だと、もっと一気に上がる

みんな、その意見の気持ちは分かる？

あ！

例えば20cmの棒を2cm切ると10%にあたりますが、10cmの棒の2cmは20%になり、音高が一気に上昇してしまう、ということに気付いた子どもたちは、緊張して作業にかかったのでした。算数の「割合」の学習が活用された場面でした。これは「割合」を既習の６年生の場合ですが、未習の子どもたちの活動であれば、失敗を繰り返す中から気付いていったり、何らかの例を示して先生が予め考えさせたりしてもよいと思いま

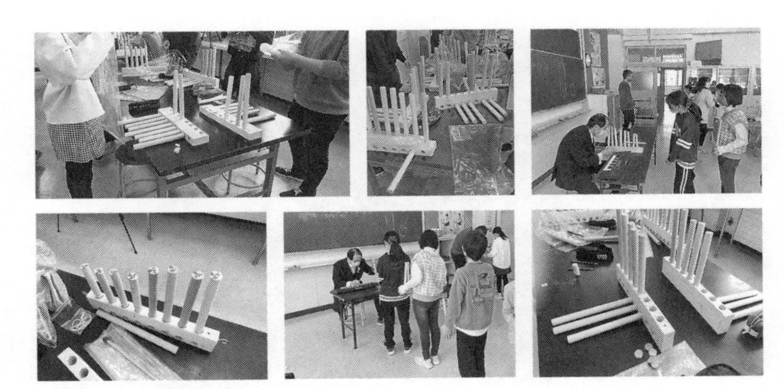

【図26a～f】活動の様子

す。ただし、時間に余裕があれば前者が理想的であると考えます（後述の (3) に、そうしたやり取りの様子が見られます）。

(1-2) 浜頓別町立浜頓別小学校４年生（第１・２時、【図27a～d】参照）

この子どもたちは、〈３〉における実践を経験済みであったため、活動開始時から作業を交えながらの展開としました。以下に、その様子を記します。

- セット内容の確認の際、教師が「板に名前書いたら、台に立てたらいいね」と指示したところ、数名が、長さ順に並べていた。
- 木琴をつくることを告げ、電子キーボードで音階を弾いて聴かせる。この音階を奏でられる木琴をつくるということを把握させる。

- 教師が、「みんなの今の状態はどう？ 端から順に叩いてみて」と指示すると、ほとんどの子どもたちは叩きながら「わあ、（音程が）めちゃくちゃだ」「これじゃだめだ」と発言した。その中、一人だけ「そんなにめちゃくちゃでもない」と言った児童（Aさん）がいた。
- 教師が「なぜAさんは『そんなにめちゃくちゃでもない』と言ったのだろう。気持ちが分かる？」と問いかけると、多くの児童が、「順番に並んでいるからだ」と気付いた。
- 教師が「どうしたら、『ドレミファ……』のように聞こえる？」と問いかけると、一人目の児童が「音がだんだん高くなるように並べる」と発言。次の児童も「同じです」と回答したため、「Bさん、あなたの言葉で教えて」と指示すると、「棒がだんだん短くなるようにする」と回答した。二人の発言は、似ているようだが（出る音の順か棒の長さかという点で）違っていたことを確認した。
- 前回、木琴をつくったとき（〈3〉における実践）に、棒が長いと音が低くなり、棒が短いと音が高くなったことを確認した。教師が「今回もそうなっているか叩いて確認してみて」と指示すると、数名、「あれ？」と言っている児童がいた。「同じ長さの板なのに、音の高さが違う」ことに気付いたと

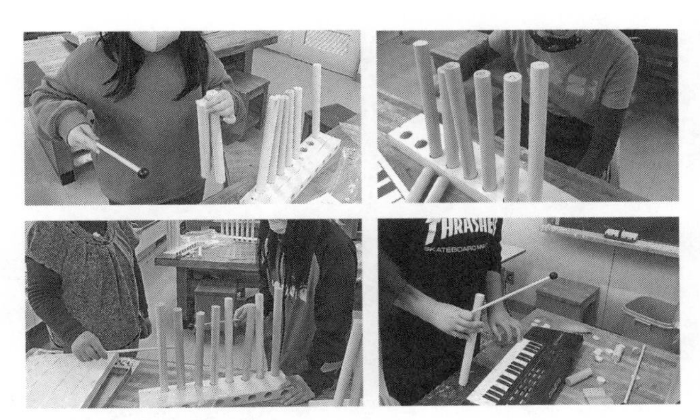

【図27a～d】活動の様子

のことである。取り上げて確認。密度が違うために音の高さが違うことを確認すると「ああ！　そうだった！」と思いだしていた。

- 学校の備品である、合奏用の木琴を用いて、木琴も同じように音が高くなるにつれてだんだん短くなることを確認した。「じゃあ切ってその音になるようにしたらいいんだ」という児童の発言を受けて、教師が「もし、切りすぎちゃったらどうする？」と問いかけてみた。すかさず数名の児童が「予備を使う !!」と発言したが、一呼吸おいて、「いや、使えるんじゃない？ だってさ、他の音にしたらいいじゃん！」という発言があった。
- 作業が進み、「C（1・ド）をA（6・ラ）にしたい」という児童が現れた。その児童は「だいぶ切んないといけないな。だって、C（1・ド）とA（6・ラ）ってすごく離れているから……」とつぶやいていた。

(2) 浜頓別町立浜頓別小学校４年生（第３・４時、【図28a～f】参照）

- 授業開始時、123（C~E：ド～ミ）までできている児童Cに、教師が「どこまでできているかな？」と問いかけ、学級全員の前で叩かせる。教師が「どこまでできてたか聞き取れた？」と全体に問いかけると、児童Cが叩くのに合わせてみんなが「ドレミファ……」と口ずさむ。「ドレミファ」「違う違う、ドレミだけだ」という発言。

（：教師　：児童）

これ（ファ）は？

何か、ちょっと……

でもな、もうちょい高い（方がいい）

もうちょい高いほうがいい？

はい

じゃあどうしたらいい？　Dさんは？

D ちょっとだけ切る

少し切る

- 児童Aに、順番に叩かせてみると、ほぼ完成していた。これを聞いた周囲の児童から、「え！　すご！」という反応。6（E：ラ）の音までできていたので、順番に音階を叩くと、67のところで「あぁ、ラまでだ」という周囲の反応がある。

じゃあ、次、Aさんは、どれから切ればいい？
シ！
7！
Aさん、どのくらい切ったらいい？
A けっこう。6番より短い
まず、どのくらい？
A 6と同じくらい
何で？（もっと切っても）いいんじゃない？
A だって、いきなり切ったら失敗するかもしれない。いや、ただ、中がどんくらい詰まってるか分かんないから、それ（ラ・E：6）より前ぐらいの長さにした方がいい。そこからだんだん切っていって、これこうだね（シ・B：7の音になった）ってなれば、もういいよ

- Eさんは、1～6を完成させ、8の音板は一度失敗したものの完成させた。残る7の音板も切りすぎてしまい、予備の木材がなくなってしまい困る。教師がアドバイスし、友達の木材

と交換するため、話し合う。

B 友達にこの音あげるから、この音（の木材）交換してって言った？

E だけど、それって迷惑かかってる

F Bさんは、どんなこと言いたかったんだろう

B 要するに、この音あげるからそっちちょうだいってこと

Fさんが、Eさんに一本くれました。ですがFさんに迷惑はかかっていませんね

あ、やっぱり

その棒を違う音にした！

はい？

7としてはだめなんだよね、Eさんの棒。何なら使える？

8

17から6のどれか

え？　8じゃない？

8！

何で8にだけなれるの？

だって

短くできるから

え、でも切りすぎたんだよ

7にしては切りすぎたけど、

8にしては切らなすぎ

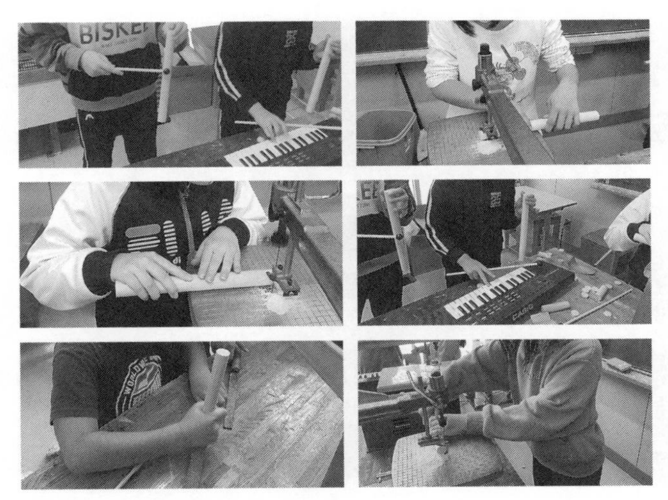

【図28a～f】活動の様子

むしろ、いいことじゃん！

逆にそれした方がいい

特に最後の部分のやり取りは、予備の木材までも短く切りすぎてしまった子どもが、他の子どもと木材を交換することでしのいだ様子ですが、7（B：シ）としては切りすぎてしまったものの、8（Ċ：ド̇）としては活用できることを友達とのやり取りで理解していく過程を読み取ることができます。

(3) 浜頓別町立浜頓別小学校４年生（第５・６時）

（🐻：教師　🐰：児童）

🐻 どうやら、１とか２を切るときって、ちょっとくらい切っても音ってあんまり

🐰 変わんない

🐻 感じがする？

🐰 はい

🐻 けど、７とか８ってどう？　ちょっと切るだけで

🐰 けっこう変わる

🐻 けっこう変わった感じした人いる？（複数の児童が挙手）

🐻 それで、まだまだ８じゃないなと思ってちょっとだけ切ったら、過ぎてしまったっていうのが、Ｇさんと Ｈさんね。Ａさんは２回挑戦したんだよね。大胆に切った？

🐰 A（指を少しの開くジェスチャーをする）

🐻 これぐらいなんだって。だけど、こんぐらい切ったら、７と８の間だったのが８を過ぎちゃった（シとドの間だったものがドよりも高くなってしまった）

🐻 頑張って薄く切ろうとしても、無理だね……

🐰 ヤスリで削る

🐰 あぁ！

🐻 なるほど、そういう方法使ったら、もしかしたら失敗しないかもしれないね

電動の糸鋸や、一般的な鋸の他に、微調整をするためにはヤスリを用いればよいという技能面に関わる知識も、教師を交えた子どもたち同士の対話で見いだされています。

また、左記の記録には記述していませんが、教師は一言も「メロディーをつくろう」という話はしていないにも拘わらず、子どもたちは自由に音程の違いを楽しんだり、メロディーをつくったりし始めた様子も見られました。音や音楽を楽しみながらの活動となり、本実践でA（アート）が確かにベースになっているということが感じられます。

弦楽器との違いは、振動数を左右する「長さ」が目に見えることです。ものさしで測って数値で表すことも可能です。ここでM（マスマティックス）が作業上で重要な役割を担うことになります。

また、音板（棒）ではなく筐体（きょうたい）を叩いて音を楽しんでいる様子も見られました。想定していた楽器の使用法とは異なりますが、密度の話にも関連させることが可能となります。澄んだよい音色が得られたことや、叩く位置によって音高が異なることもあって、本来音を出すことを意図した部分（音板）以外の素材の部品にもしっかりした材料を用いることが、楽器（教材）全体の品質を保証することになると考えられます。

なお、理想的には、教師は何をつくるかさえも説明せずに、ただキットのみを渡して活動を開始したならば、さらに豊かな展開が得られた可能性もあります。

プログラミングでは、しばしば「順序」「反復」「分岐」が「プログラミング的思考」の重点として紹介されます。これは、プログラミングにおける「見方・考え方」であるともいえます。「見方・考え方」の特徴は、〈2-1〉でも触れましたが、しばしば「問題の解き方」と重なります。そのため、これら「順序」「反復」「分岐」といった「見方・考え方」を最初から提示してしまうと、答えや解き方を最初から教えてしまうことになり、「プログラミング的思考」の育成につながりにくいといえます。「見方・考え方」とは、自分で既存のものを組み合わせたり、適用したりする中で思いつくからこそ意味があります。しかし、子ども向けのプログラミングアプリなどには、例えば「繰り返し用のコマンド」のようなものが事前に用意されています。子どもたちは、そのコマンドのようなものを見て「繰り返し」の存在を最初から意識してしまうことになります。算数・数学でいえば、「解くときの考え方はこれです」と示されているようなもので、「見方・考え方」の意義が伝わらない、つまり「学習」というよりは単なる「作業」に陥ってしまう恐れがあります。子ども向けのプログラミングアプリなどを活用する際には、教師の専門性[67]や意図的な授業設計が求められる

---

[67] 専門性というと、どうしても各教科や各分野ごとの高度な学術的内容を指すようなイメージをもたれがちかもしれませんが、子どもの総合的な育ちについてや、それに関する効果的な在り方や方法を身に付けていることも重要な専門性であると考えます。

といえます。

(4) 留萌市立緑丘小学校６年生（第７・８時）

さて、活動の終末において、子どもたちに、本キットの改善について、様々訊ねてみました。この木琴は、フレーベルの「恩物（おんぶつ）」⑱や砂場[100)]のような、具体物でないところが特性でもあるといえます。「ドレミ」という音階のみは具体的なものですが、あとは、シンプルなデザインによって、子どもたちの工夫の余地もあるからです。

事前に考えていた問いは以下のようなものです。

- 完成作品の音板の一部を、予め異なった音板と取り換えておいて、わざと外した音を聴かせて反応を見る（きちんと整った音階への意識を喚起する目的）
- 「そういえば、完成見本をみなさんに見せていませんでした。みなさんは知らずにつくってきたわけですね？ そのような状況で、みなさんは完成させましたね。どんなことをイメージしてつくったのですか？」
- 叩きにくくないか、どのように演奏するかについて訊く
- ぶら下げる際に、選ばなかった（使用しない）２本の音板をど

⑱ 例えば積木様のシンプルで抽象的なものだと、子どもたちがそれを用いてどのような発想でどのように遊ぶこともできることになります。

うしたらよいか訊く
- 模様デザインを施したいか否か
- 音を合わせていく際に、どのようなことが大変だったか
- 今回の作品を活用した遊びを考えよう
- 塗料で、各自の好みの色に「塗ってもよいか」否かという問い

以上のことを踏まえて、子どもたちと対話した様子は、以下の通りです。「これを使って音楽づくりや曲の演奏をするのですが、そもそも売っている木琴の方がきちんとしているなど、様々な意味でよいと思うこともあるでしょう。そうしたことも含めて、この木琴をどうしたらもっとよいものにできると思いますか？　……ここまでつくっておいて、これでよかったのかな、というのは、困った質問だと思いますが……」という問いから始まった対話の様子は、以下のようなものでした。

（　：教師　　：児童）

逆さにする（と叩きやすい）

なるほど、ウインドチャイムみたいにね！

丸い棒でなく四角の方が

悩んだ末、丸棒にしたんです。でも、悩んだのです。なぜ四角でなくて丸にしたと思いますか？　四角の方が材

料が安いのです。さらに、切りやすくて、糸鋸の刃も折れにくいのです。四角の方がよいことがたくさんあるのです。刃が折れたということについては、初日は10本以上も折れましたよね。でも（みんなが糸鋸の扱いが上手になって）2日目には折れた本数も数本になりました。丸棒のほうが切るのが難しいのですが、その分、器用さを鍛えるのにはよいと考えたのです。四角だと、簡単なのですが、鍛えられないと思いました。他にもまだ理由があります。何だと思いますか？

（口々に）音がいい？

叩き比べたら、いい勝負でした。でも、ぶら下げると、四角の方が、キラキラしたよい音がでました。多分、角ばっているからあたり方がきついのかもしれませんね。――聞いたらがっかりするかもしれませんが……四角い棒が並んでいる様子を想像してみてください。あるいは四角い棒がぶら下がっているのを想像してみてください

見栄え？

はい。実は、そうなんです。丸い方がおしゃれかと思って。実は、そういうことも重要かなと思って

あと、ぶら下げられる本数が6本だけでない方がいい

ぶらさげるひもを増やそうか。棒（音板）の本数は、ド～ドだけでなく低いラから高いミまであってもいいと思い

ませんか？

🐰どこがドだか、分からなくなる

🐰印付けるとか

🐻さらに検討しないといけないですね

上掲のように、子どもたちからは、様々な改善案が出されました。また、寸法に関しては、大きい・ちょうどよいという意見が拮抗していたものの、12音にした際には本体が大きくなりすぎること、小さくすると音色がよくなくなることについて話題になり、ものづくりにおける思考・判断や試行錯誤を実感することとなりました。

【図29a・b】完成した『裏柱振木琴（リバーシブル）チャイム』

続いて、完成した木琴（【図29a・b】参照）を用いた音階の学習と音楽づくりの活動を行いました（主にA（アート）。【図30a~d】参照）。

演奏法自体も、特段定めてありませんでしたので、子どもたちは試行錯誤しながら演奏しやすい方法を考えていました。そ

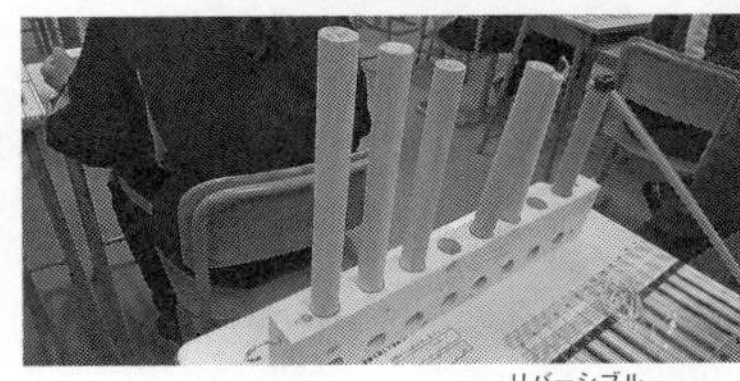

【図30a～d】完成した『裏柱振（リバーシブル）木琴チャイム』を用いて音階の学習と音楽づくりに取り組む

うした中、「てっぺんを叩くといい音がする！」という音色に着目した発言があり、教師が早速「試してみよう！」と指示すると、子どもたちの間から、「叩きやすいし、いい音だし、いいね！」という反応が返ってきて、その方法で演奏する子どもが約10名見られました。

活動は、以下のように展開しました。

①1音→2音→3音……5音音階を用いた即興

- 6だけで即興（リズムの即興）
- 56だけで即興（「♪太郎ちゃん遊びましょ」のようなふし）
- 356だけで即興（「♪鬼ごっこするものこの指とまれ」のようなふし）
- 3568だけ、ただし6で終わる即興

- 23568、6で終わる即興
- 123568、6で終わる即興（ヨ(4)ナ(7)抜き音階。6で終わると日本の民謡のようになるが、1で終わるとスコットランド様の印象になる）

②3種類の音階を知る

続いて、音階（や旋法）の違いによる雰囲気の違いを感受し、それぞれの音階に名付ける活動を行いました。「123568の6で終わる」ものは、子どもたちは「ジャパニーズ音階」と名付けました。同様に「123568の1で終わる」ものを「和英音階」、『さくらさくら』の渋い感じの音階である「134678」は「渋音階」、沖縄風であるものの2を加えない「134578」は温かい感じで「ジャワカレー音階」、そして「1(2)34578」は「オキナワ音階」と名付けました（【図31a・b】参照）。なお、実践アンケートの結果は、以下のようなものでした。

【図31a・b】音階の学習

Q：3つの音階はそれぞれ、違う感じがしましたか

→　はい（全員）

Q：3種類の音のぬかし方以外のぬかし方を自分で考えてみたいと思いますか

→　はい（14／15名）・わからない（1名）

Q：先生が提示した3種類以外のぬかし方をしたらどうなると思いますか

→「ヤバクなると思う」という不安めいたコメントもありましたが、「クセやどくとくさがでると思う」「ちがう感じの曲ができると思う」「かわってちがうかんじの曲になると思う」「ちがうふんいきが出来るかもしれない」「ちがうふんいきになるかも」「ちがうふんいきになるかもなると思う」という、雰囲気が変わることを予想したものや、「色々な音階ができると思う」「ちがう歌ができると思う」「よい曲になるとおもう」「いい曲ができると思う」「いいのもあるかもしれないし、あまりよくないのもあるかもしれないけどワクワクする」といった期待めいたことを書いたもの、「洋風ができると思う」「どくとくな楽曲ができると思う」「洋風と和風が合わさったような感じになる」という雰囲気を予想するものが見られました（すべて原文ママ）

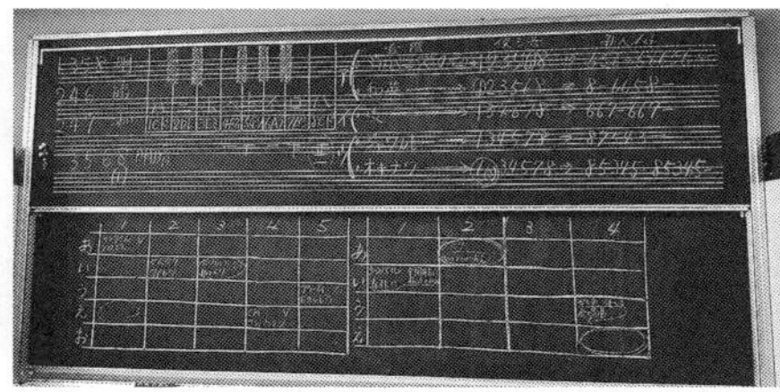

【図32a・b】音楽づくりの活動

【図33a・b】演奏している様子

③各自の感受結果から、各自が音楽づくりに用いる音階を選択

上述の音階から、音楽づくりに用いる音階を選択しました。同じ音階を選んだ者同士でグループをつくりますが、人数は均等にせず、あくまで各自の好む音階で音楽づくりに取り組むようにしました（【図32a・b】参照）。

各自がつくったふしを、グループのメンバーでロンド形式にしてつないでいきます。すなわち、「全員→児童Ａ→全員→児童Ｂ→全員→児童Ｃ→ …… →全員」という形です（【図33a・b】参照）。全員で奏でるふしは、例えば「渋音階（134678）」では『さくらさくら』の一部である「667-667-（ララシー・ララシー)」という形で決めました。

練習も発表も子どもたちは楽しそうに取り組んでいましたが、これだけならば、音板を自由に取り外して、使用する音を選択できる「オルフ楽器の木琴」で可能な活動であるといえます。

④各自の好きな音階の音組織を選んで風鈴にする

子どもたちが、各自で選んだ音階を使って音楽づくりをした後、木琴をひっくり返します。『裏柱振木琴（リバーシブル）チャイム』という名称が示す通り、柱状の音板を下部に吊り下げると、チャイムになります。各自の選んだ音階の音組織に含まれる音板を吊り下げることによって、その音階のもつ雰囲気の音が自動的に鳴ることになります。

こうして、一連の活動を終えましたが、以下のような経験につながることを期待しています。ただし、こうしたことは、このような実践を積み重ねていくことで、気付いてみたら変容が起きていた、ということになるのだと考えています。

- 「完全でない楽器（調律）⇔市販の正確な楽器」の対比から、より、問題に気付ける（よい音は当たり前ではない）感覚
- 寛容さ（レベルの高さの観点はクオリティだけではない）を身に付ける
- 様々な音階を知ったりチャイムの音を楽しんだりする等の音楽の世界の拡張

- 不正解も正解である場合がある（あえて不合理な奏法や音色を選択したほうがよい場面もある（「ずっこけシーン」ではシンバルの音はジャーンと正しく鳴るよりもパホッという冴えない音の方がよい）ことを知る

このことに関する動画は、以下をご参照ください。

> へき地における開発的な教育実践総合的な学習としてのSTEAM 教育—試行錯誤を伴う木琴づくりの実践例—
> https://youtu.be/D1sULAugcT4
>
> （※上記でご覧いただけない場合は、以下の URL もお試しください）
> へき地における開発的な教育実践：総合的な学習としてのSTEAM 教育—試行錯誤を伴う木琴づくりの実践例—
> https://youtu.be/fXuUBssN5pU

以上、第５章では、自分なりの工夫や試行錯誤、友達との協力・協働といったことが必然的に起きることをねらって、「音程の調整」という目的のもとで「試行錯誤」するために、あえて部品となる材料の完成度を低くした「不完全なキット」を用いた実践について述べました。必ず完成するとは限らない『裏柱振（リバーシブル）木琴チャイム』のキットを市販教材として開発しました。実践結果については〈６〉において、他の〈３〉〈５〉と併せて整理します。

6

各実践の結果の検討

〈３〉~〈５〉の３つの章にわたって述べてきた実践は、いかがだったでしょうか。子どもたちは、とても意欲的に活動に取り組んでいました。本章では、それらの実践について、子どもたちへのアンケート結果から検討をしてみたいと思います。

6-1-1　木育 STEAM 実践の結果

木材による楽器を制作することで、「音板の長さと音階との関連に教科の枠を超えて気付けるかどうか」については授業の事前と事後に、そして、「音や音楽と児童を近付けることや音楽づくりの活動として有効であるか否か」については授業の事後に調査問題を実施することで研究目的が達成されたかどうかを検証しました。調査問題は「音板の長さと音階との関係に着目した木琴の制作と音楽づくりの活動」について（事前と事後の２回実施）と、「音や音楽と児童を近付けることや音楽づくりの活動として有効であるか」について（実践後のみ実施）でした。

【表 4a】に示した結果からは、「音が鳴る仕組み」や「木材の長さと音程との関係」についての問いで正答できた人数が増加していたものの、有意な差ではありませんでした。「音階を知っているかどうか」と「違う種類の木材を叩いたとき、その音の高さはどうなるか」についての問いでは、正答の人数が有意に増加していました。

「違う種類の木材を叩いたとき、その音の高さはどうなるか」

【表4a】「音板の長さと音階との関連に教科の枠を超えて気付けるかどうか」についての調査問題（正誤問題。事前と事後の比較；本文関係分のみ）の結果（n＝16））の結果

問　い	時期	正答の人数	誤答の人数	p 値
「音が鳴る仕組み」についての問い	事前	6	10	$p = 0.72$
	事後	8	8	
「木材の長さと音程との関係」についての問い	事前	15	1	$p = 1.00$
	事後	16	0	
「音階を知っているかどうか」についての問い	事前	4	12	$p < 0.01^{**}$
	事後	15	1	
「違う種類の木材を叩いたとき、その音の高さはどうなるか」についての問い	事前	9	7	$p < 0.01^{**}$
	事後	16	0	

$^{**}\ p < 0.01$

という問題と、そう考えた理由を訊く問題については、答え自体は全員が正答するようになりました。具体的な記述としては、「硬さが違う」「種類が違う」というような「密度」に関連した記述が見られる一方で、「木材の色」という「密度」関係がない要素を指摘している記述も見られました。

４件法の尺度による設問については、Welchの検定[101)]を行い、【表4b】のような結果を得ました。「音が鳴る仕組み」「音楽が好きかどうか」「木材の長さと音程の関係」については、数値の上昇が見られたものの有意な変化ではありませんでした。「音階を知っているかどうか」「音が高くなったり低くなったりする仕組み」「音階ができる仕組み」については、有意な数値の上昇がみられました。

【表4b】4件法の尺度による問題（事前事後の設問）の結果（n＝16）

問　い	時期	Mean	S.D.	t値	p値	効果量 d
「音が鳴る仕組み」についての問い	事前	3.00	0.61	1.54	$p = 0.14$	0.62
	事後	3.38	0.78			
「音楽が好きかどうか」についての問い	事前	3.25	0.90	1.40	$p = 0.17$	0.42
	事後	3.63	0.60			
「木材の長さと音程との関係」についての問い	事前	3.19	1.07	0.17	$p = 0.87$	0.06
	事後	3.25	0.97			
「音階を知っているかどうか」についての問い	事前	2.13	0.93	5.42	$p < 0.01^{**}$	1.61
	事後	3.63	0.60			
「音が高くなったり低くなったりする仕組み」についての問い	事前	1.69	0.68	8.60	$p < 0.01^{**}$	2.85
	事後	3.63	0.60			
「音階ができる仕組み」についての問い	事前	1.69	0.68	8.60	$p < 0.01^{**}$	2.85
	事後	3.63	0.60			

$^{**}\ p < 0.01$

「音楽に関連する活動を肯定的に捉えたか」についての４件法の尺度による設問（事後のみ実施）については、学級集団の傾向を把握するために、平均値・中央値・最頻値といった集団の代表値を算出し、【表５】のような結果を得ました。

「楽譜や音符を書く方法でなく、音板の番号をマスに書く方法で行った音楽づくり（設問A）」については、平均値が3.94、中央値が４、最頻値が４でした。「思い通りの音楽ができたか（設問B）」についても同様に平均値が3.94、中央値が4、最頻値が４でした[102)]。

なお、参考までに、「自分でつくった音楽は、森に届いたと

【表5】「音や音楽と児童を近付けることや音楽づくりの活動として有効であるか否か」についての調査問題の結果（本文関係分のみ。N = 16）

設　問	集団の代表値
A. 楽譜や音符を書く方法でなく、音板の番号をマスに書く方法で行った音楽づくりはやりやすかったですか？	平均値: 3.94、中央値: 4、最頻値: 4
B. 思い通りの音楽ができましたか？	平均値: 3.94、中央値: 4、最頻値: 4

感じていますか？（届かなかった1⇔4届いた）」という設問に対する回答の平均は3.81でした。

さらに、以下に掲出する自由記述の結果についてはテキストマイニング[103]の手法の一つである対応分析を用いて探索的な分析を行いました。対応分析とは出現パターンの似通った語句を二次元の散布図に示すものであり[104]、原点付近（0, 0）にプロットされる語句は取り立てて特徴がない語句とされ、原点から離れている語句ほど特徴的な語句とされます[105]。

「楽譜や音符を書く方法でなく、音板の番号をマスに書く方法で音楽づくりをした感想」の対応分析の出力（【図34a】参照）からは、「番号、音符」「作れる、楽しい、簡単」「音」といった語句で特徴づけられる3つのグループがあることが読み取れます。子どもの記述の具体例を示すと、「番号、音符」で特徴づけられるグループでは「番号だったので、何回もやり直せてやりやすかった」「すごくわかりやすかった。音符より番号のほうがやりやすかった」といった記述が見られました。「作れる、

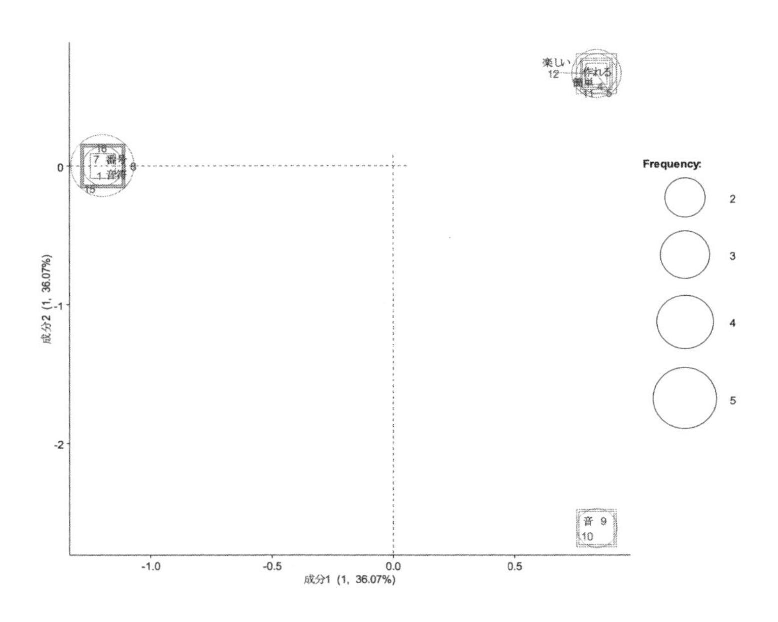

【図34a】「楽譜や音符を書く方法でなく、音板の番号をマスに書く方法で音楽づくりをした感想」のテキストマイニングによる対応分析の出力

楽しい、簡単」で特徴づけられるグループでは、「わかりやすく、つくりやすかったです」「楽しかった」「簡単にできて楽しかったです」といった記述が見られました。「音」で特徴づけられるグループでは、「どんな音かわからないからわくわくした」「きれいな音がでてきてすごく嬉しかったです」といった記述が見られました。

「自分でつくった楽器を使って音楽をつくった感想」の出力

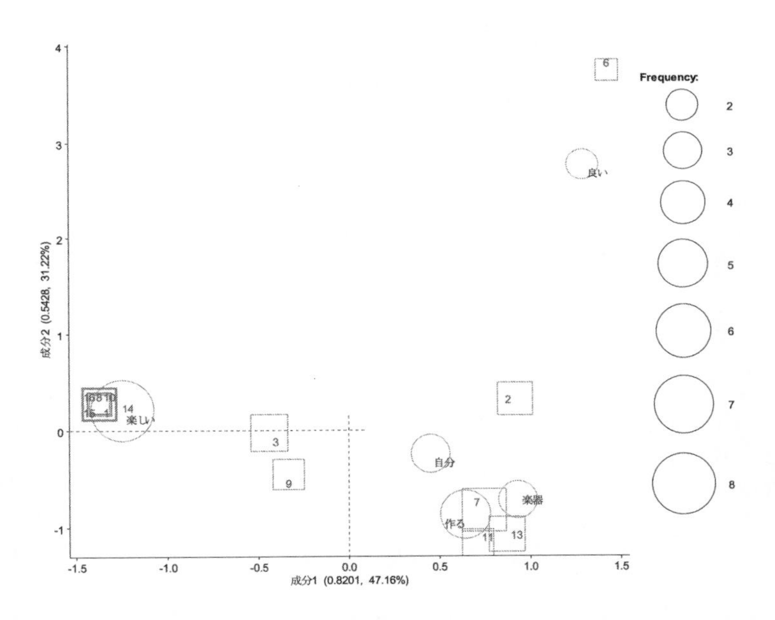

【図34b】「自分でつくった楽器を使って音楽をつくった感想」のテキストマイニングによる対応分析の出力

(【図34b】参照) からは、前問ほど顕著ではないものの、「楽しい」「楽器、作る、自分」「良い」といった語句で特徴づけられる３つのグループに分けられる可能性が高いことが読み取れます。具体例を示すと、「楽しい」で特徴づけられるグループでは「楽しかった。自分にもできてびっくりした」「やってみてすごく楽しかった」「とっても楽しかった。一生懸命作った」といった記述が見られました。「楽器、作る、自分」で特徴づ

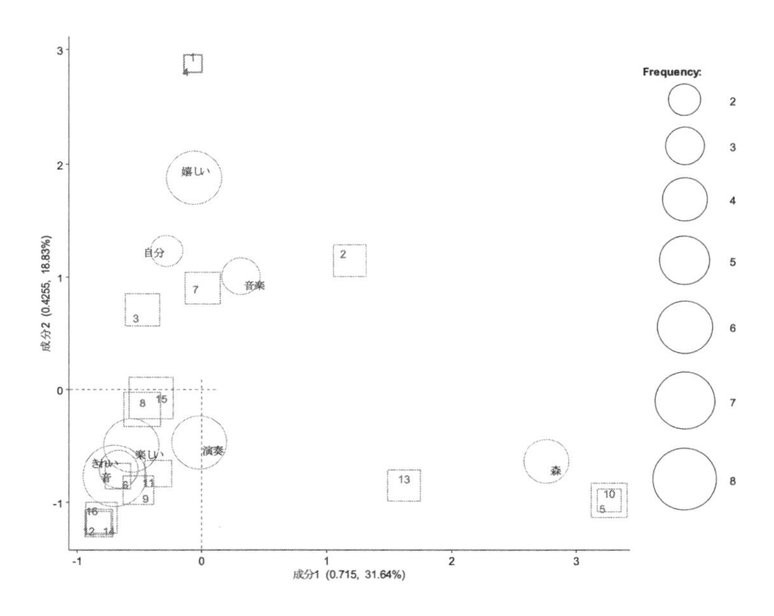

【図34c】「自分でつくった楽器と音楽で演奏した感想」のテキストマイニングによる対応分析の出力

けられるグループでは、「自分で作ったので、ふつうの楽器よりもていねいにできた気がする」「楽器を作ったかいがあったと思った」といった記述が見られました。「良い」で特徴づけられるグループでは、「やって良かったです」「とても良かった」などの記述が見られました。

「自分でつくった楽器と音楽で演奏した感想」の対応分析の出力（【図34c】）においても、【図34a】ほど顕著ではないものの、

「嬉しい、自分、音楽」「きれい、楽しい、演奏」「森」といった語句で特徴づけられる３つのグループに分けられる可能性が高いことが読み取れます。「嬉しい、自分、音楽」で特徴づけられるグループでは「自分で作れて嬉しかったしいい音がしてもっと楽しかった」「嬉しかった」「ちゃんと音楽が演奏できて、自分でもかんどうした」といった記述が見られました。「きれい、楽しい、演奏」で特徴づけられるグループでは「楽しく演奏ができて嬉しかった。きれいな音がなって良かった」「楽しく演奏できた。いい音がした」「楽しく演奏できて良かったです」といった記述が見られました。「森」で特徴づけられるグループでは、「森にありがとうと思った」「森に恩返しをしたのがおもしろかった。またやりたいです」といった記述が見られました。

また、設問以外の自由記述には、「室内と屋外とで音の響きかたが違う」「今度は違う楽器を作ってみたい」等の、新たな気付きや、今後の展開についての記述が見られました。

6-1-2　木育STEAM実践に関する考察

本研究は、「教科の区切りを意識しない」教育の実践と評価についての研究でした。「音板の長さと音階との関連に、教科の枠を超えて気付けるかどうか」を調査問題（事前と事後）によって検討しました。

「音程と音板の長さの関係に気付けたか」についての調査問題（設問9～12）では、平均値が有意に高くなっていました（1名以外は事前よりも数値が上昇）。ただし、設問「音が高くなったり低くなったりする仕組みは知っていますか」は、「音の変化の仕組み」を問うものでしたが、「高くなる仕組み」と「低くなる仕組み」を同時に訊いていると捉えることもできるため、設問としての一貫性が不十分であることが実践後に判明しました。したがって「音の高低の変化が生じる仕組み」については、子どもが「理解できた」という感覚をもてたかどうかは判断できないものの、「音階ができる仕組み」については子ども自身が「理解できた」という感覚をもつことができたと判断しました。また、これらの設問の数値が低いままの子どもについては、「音や音楽についての好みや基本的な知識」を確認する設問についても低い数値のままで変化がみられなかったため、音楽についての好みや苦手意識が強く影響していることが推察されます。今後、個々の学習意欲にも焦点を当てて、効果的な働きかけについて実証的に明らかにしていく必要があるといえます。

「違う種類の木材を叩いたとき、その音の高さはどうなるか」と「そう考えた理由を書いてください」という設問については、事前では無回答が見られたものの、事後は全員が回答していました。特に「重さが違うから」といった表現で「密度の要素」としての「重さ」に着目した記述も見られ、その他、重複があるものの「硬さ」や「種類」など「密度」に関連のある記述が見られました。活動中に繰り返しなされる「音板の長さの計算」（M（マスマティックス））、「音板の長さの計測と切断」（T（テクノロジー））、「音板の密度についての考察」（S（サイエンス））が「木琴の完成」という目的達成のための「知るべきこと」（【図9】参照）として意識されていたことが、このような記述傾向となった要因であると考えられます。

「音楽に関連する活動を肯定的に捉えたか」についての「楽譜や音符を書く方法でなく、音板の番号をマスに書く方法で行った音楽づくり」、および、「思い通りの音楽ができたか」の設問については、ともに平均値が3.94でした。これは、音楽の知識や経験の有無に拘らず、全員が製作や演奏に取り組めるように行った配慮（ドレミの音階に依らない番号による音の表記／複数で思い思いに演奏しても音の濁りが少ない五音音階）が適切であったことを示していると判断しました。このことは、設問「楽譜や音符を書く方法でなく、音板の番号をマスに書く方法で音楽づくりをした感想」の対応分析の出力（【図34a】参照）に「番号、音符」「作れる、楽しい、簡単」といった語句で特徴づけられるグループがあったことや、設問「自分でつくった楽器を使って音楽をつくった感想」の出力（【図34b】参照）に「楽しい」「良い」といった語句で特徴づけられるグループがあったことからも推察できます。これらのことから、「楽譜や音符ではなく、音板の番号をマスに書く方法が、音楽づくりの活動のしやすさやワークシートの使いやすさなど、子どもの作業方法自体への肯定的な印象につながった」と考えられます。さらに、設問「自分でつくった楽器と音楽で演奏した感想」の出力（【図34c】参照）においても、「嬉しい、自分、音楽」「きれい、楽しい、演奏」といった語句によるグルーピングが可能であることから、「子どもが自分で制作した楽器の音のよさを実感しながら演奏を楽しんだり、そのことから生じる嬉しさに関わる肯定的な感情をもった」ことが推察されました。

「音や音楽についての好みや基本的な知識」を確認するための設問のうち、「音階を知っているかどうか」についての問いには有意な数値の上昇がみられました（【表4a】参照）。木琴制作時は、完成させた音板を音階の順に並べる場面が多々あったことから、「音階」という語句を意識したり使ったりする場面も多く、記憶に残っていたと考えられます。「音階」という語句が「基本的な知識」として定着したかどうかは、期間を空け、さらに別の方法で確認する必要があると考えます。

また、「音が鳴る仕組み」に関する設問に対しては、正しく記述できた子どもの数にほぼ変化は見られませんでした（【表4a】参照）。つまり、「音程と音板の長さに何らかの関係があること」に気付くことはできたものの、さらにその背景となる「発音の仕組み」としての「振動」については理解が進んだとはいえません。発音体が振動していることを体感できるような場面を取り入れることで、「発音の仕組み」としての「振動」に着目できる可能性があると考えられます。

【図34a】に関わる回答記述で見られた「番号だったので、何回もやり直せてやりやすかった」という記述からは、本実践が「試行錯誤を何度でも繰り返せる音楽の活動」であったことを示唆していると考えます。実践で設定した「ものづくり」としての木琴制作が、STEAM教育で重視する「問題解決を試行錯誤して行う」プロセスとして展開できる可能性があるといえます。

6-1-3　木育STEAM教育実践の結果から得られた結論

本実践では、STEAM教育における「ものづくり（T（テクノロジー）・A（アート））」を中心に据えた音楽活動を、木育の枠組みの中で行いました。

音階の調整（E（エンジニアリング）・A（アート））や音板の長さの計算（S（サイエンス）・M（マスマティックス））については、児童自身が「理解できた」という感覚をもっていることが確認できました。ただし、感覚をもってはいるものの、それが正しく表現はされていない児童も見られました。本実践は、小学生が対象であったことから、児童が将来的に「密度」を学ぶとき「何かの属性に着目する」という考え方をするための下地づくりとしての成果を確認することができました。

完成された楽器を演奏する（A（アート）・M（マスマティックス））という活動では、子どもが自分でつくった楽器の音のよさを実感しながら、思い通りの演奏をすることができ達成感を感じ、森に恩返しができたという喜びを伴う楽しさを感じたことが分かりました。

本稿で示した場面設定においてという条件は付くものの、芸術、とりわけ音楽をテーマとした木育と「ものづくり」とを関連させた活動において、直感と論理を使いながら試行錯誤を繰り返すことで、STEAM 教育の各領域につながる気付きが得られることを明らかにすることができました。

木琴制作を通して、「密度」等の組み立て単位を構成する要素（質量、体積）について、全員が適切な属性や要素に着目できていたわけではなかったものの、全員が何らかの要素に着目しようとする姿勢が、無回答の子どもがいなかったことから確認できました。八杉は「現象をまずその要素に分けて、個々に調べ、その上でそれらを組み合わせる」ことを「近代の科学の方法の原則」としています[106]。この「現象をまずその要素に分け」る方法論は仮説の設定や理論の構築を目指したものです。この方法論を意識した実践を教育課程の中でスパイラル的に繰り返していくこと、同時に、直感と関わる芸術的な感性も生かしていくことで、「現代的な諸課題に対応して求められる資質・能力の育成について、文理の枠を超えて教科等横断的な視点に立って進めること」[107] ができると考えます。

音楽を基底に据えた木育の活動は、幼児から大人まで幅広い年齢層での展開が可能です。幼児から高校生まで一貫した教育の在り方が求められるようになった現在、「科学的な気付きや音楽づくりへの入り口」という、先を見据えた入門的な活動としても本実践は意義があるものであると考えられます。今後、幼児や中学校、高等学校、一般へと多様な年齢層への展開を行い、STEAM 教育で求められている創造性の育成についての効果と課題を明らかにしていくことが望まれます。

6-2-1　STEAM 教育をコンセプトにした テレビ番組の活用の実践結果の検討

ここでは、『ツクランカー』の実践結果をご紹介します。この番組を視聴しての効果を調べるために、実際に４つの小学校（東京都内２校および北海道内２校）にお願いをして、２回の番組を視聴してもらい、各回の前後にアンケートを行いました。いくつかの設問があったのですが、ここでは２回目の視聴後、つまり「音」についての回全体の視聴後に回答してもらった「音が大きくなったり小さくなったりする仕組みを知っていますか」という設問と、「音が高くなったり低くなったりする仕組みを知っていますか」という設問の結果についてご紹介します。４つの小学校にお願いをして、約 250 名の小学生に協力してもらいました。なお、この約 250 名の小学生のうち、約 50 名は『ツクランカー』の番組に沿って、「どんなものをつくるか」を自分たちで考えながら、ものづくりの活動を行いました。それ以外の約200名の小学生は番組を視聴したのみです。この「実践あり」と「視聴のみ」の２群に回答傾向の違いがあるか否かをテキストマイニングによって探ることがここでのねらいです。

２つの設問についての記述をテキストマイニングの手法の一つである「対応分析」で示したものが【図35a】【図35b】です[108)]。前出と同じ手法ですが、一部異なる処理をしたところがあります。図中に四角がありますが、今回は「実践あり」の群と「視聴のみ」の群を表しています[109)]。

まず、【図35a】について見てみます。原点（0, 0）付近にプロットされる語句は、前出のように「取り立てて特徴がない語句」、つまりどちらの群にも登場する語句とされ、原点から離れている語句ほど「特徴的な語句」とされます。今回の【図35a】については、「音」や「変わる」といった語句が「取り立てて特徴がない語句」と判断できます。具体的には、【図35a】の右上で「実践あり」の近くに見られる「振動」や「小さい」は「実践あり」の群に特徴的な語句、そして、「視聴のみ」の近くにある「力」や「強い」は「視聴のみ」の群に特徴的な語句といえそうです。【図35a】の左下にある「長い」も「視聴のみ」の特徴の一つといえる可能性がありますが、登場回数（バブルの大きさ）が小さいために、画面の端に位置していると考えられます。

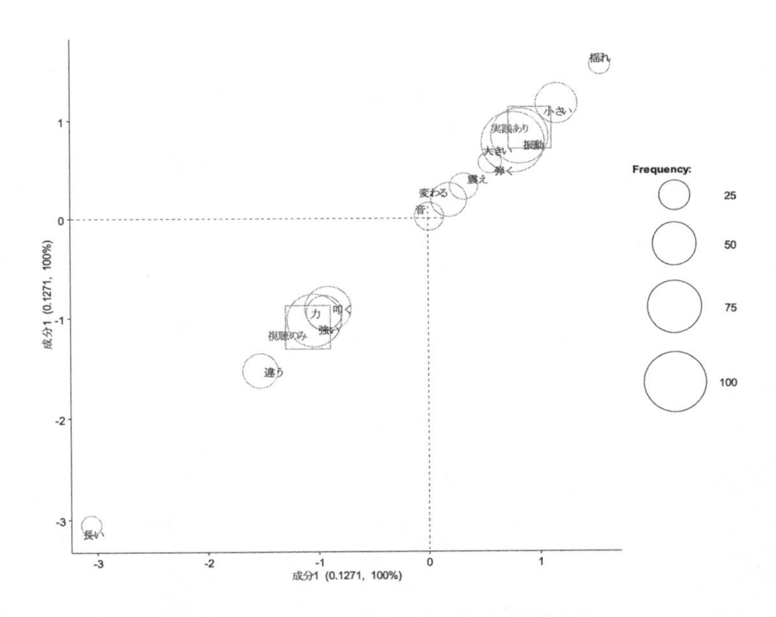

【図35a】「音が大きくなったり小さくなったりする仕組みを知っていますか」という設問についての対応分析の結果

まず、「実践あり」に特徴的な「振動」や「小さい」を含む回答の具体例を見てみます（筆者注：文中の「“　”」は筆者が付加しました）。

A「“振動”が大きくなったり小さくなったりするから」

B「その“振動”の波の大きさで変わる」

C「振動が大きくなったり“小さく”なったりするから」

D「震えが大きいか“小さい”かできまる」

といったものが見られます。

同じく、「視聴のみ」に特徴的な「力」や「強い」については、

Ｅ「“力”の出し方・高さで変わる」

Ｆ「楽器を叩く“力”で変わる」

Ｇ「叩く“強さ”が違う」

Ｈ「“力”で大きくなったり小さくなったりする」

……といったものが見られました。

ここで、Ａ～Ｄの「実践あり」の子どもと、Ｅ～Ｈの「視聴のみ」の子どもの傾向を、多少の強引さがあることを承知で解釈してみます。

Ａ～Ｄの記述には「振動」という「音の出る仕組み」を表す語句が使われていますので、「音」についての理解が個別具体的なレベルではなくて、一般的・抽象的なレベルに達している可能性がありそうです。「視聴のみ」のＥ～Ｈの記述を見てみますと、「楽器を叩く力」「弦の長さ」「長さや大きさ、分厚さ」といったように、具体物への言及が見られます。これらも確かに音の大きさを変える要因なのですが、「番組内で出てきた映像」を想起している可能性が高いと考えられます。

このときの設問は「音が大きくなったり小さくなったりする仕組みを知っていますか」でした。「楽器を叩く力（Ｆ）」「叩く

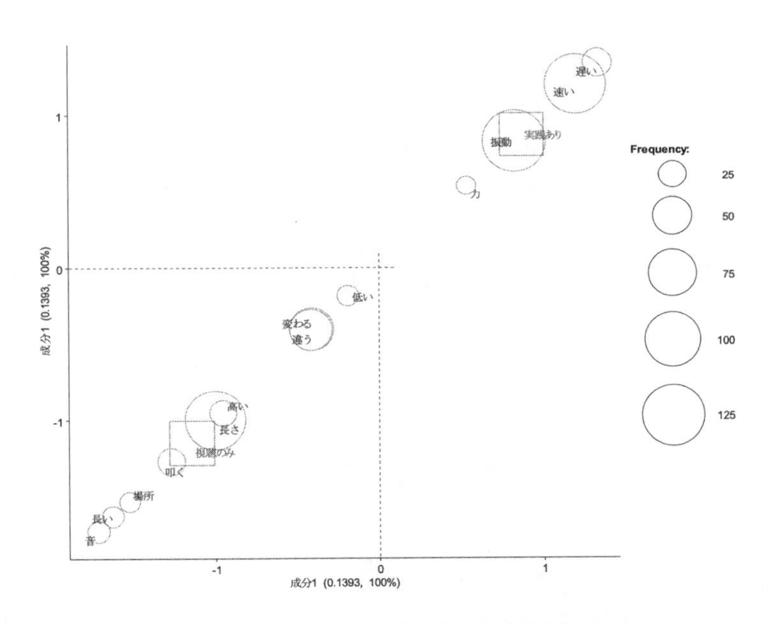

【図35b】「音が高くなったり低くなったりする仕組みを知っていますか」という設問についての対応分析の結果

強さ（G）」が変わることで「振動が大きくなったり小さくなったりする（C）」という構造からも分かるように、「仕組み」の説明としてより一般的・抽象的、つまりS（サイエンス）の観点からより適切な記述といえるのは、A～Dの「実践あり」の小学生のようです。

今度は、【図35b】について見てみます。これは「音が高くなったり低くなったりする仕組みは知っていますか」という設問についてのものです。「変わる」「速い」「遅い」といった語句が原点（0, 0）付近にプロットされていますので、これらは、前出のように「取り立てて特徴がない語句」、つまりどちらの群にも登場する語句になります。そして、「実践あり」の近くに見られる「振動」「速い」「遅い」はこの群に特徴的な語句、「視聴のみ」の近くにある「高い」「長さ」「叩く」はこの群に特徴的な語句といえそうです。

【図35a】と同様に、「実践あり」の近くに見られる「振動」「速い」「遅い」についての記述を見てみます（筆者注：文中の「“　”」は筆者が付加しました）。

M「“振動”するものの大きさによるから」

N「震えの“速さ”によって変わる」

O「振動が“速い”か“遅い”かで違うから」

……といったものが見られます。

「視聴のみ」に特徴的な「高い」「長さ」「叩く」については、以下の通りです。

P「琴では線の長さで“高く”なったり低くなったりするから」

Q「物の“長さ”によって違うから」

R「弾いたり吹いたり“叩いたり”する場所が違うから」

……となっていました。

M～Oの「実践あり」の小学生と、P～Rの「視聴のみ」の小学生の傾向は、前出（【図35a】）の「音が大きくなったり小さくなったりする仕組みを知っていますか」という設問についての解釈と同様に、「実践あり」では「“振動”するもの」「震えの“速さ”」「振動が“速い”か“遅い”か」といった一般的・抽象的なレベルでの記述である印象を受けます。「視聴のみ」では、「琴では（中略）“高く”なったり」「物の“長さ”」「弾いたり吹いたり“叩いたり”する場所」といった具体物や具体的な行為への言及が見られます。これらは【図35a】についての解釈と同様に「番組内で出てきた映像」を想起しているように感じられます。

このときの設問は「音が高くなったり低くなったりする仕組みを知っていますか」でした。「“振動”が“速い”か“遅い”か（O）」によって音の高さが変わることから、M～Oの記述はS（サイエンス）の観点による適切なものといえます。

【図35a】【図35b】ともに、「実践あり」の小学生のほうが、より一般的・抽象的、つまりS（サイエンス）の視点から回答している傾向が読み取れました。これは、番組視聴（いわば理論）と並行しつつ実際に自分たちで制作するという「実践」を経験したことが要因であると思われます。理論と実践が合わさったことで、番組が意図したねらい（音の仕組みの理解）につながったと推察されます。楽器などを実際につくるとなると、何度も叩いたりしながら確認をする、といったプロセスが発生します。しかもそのときの楽器は、番組に登場したものとは別のものであるので、個別具体的なエピソードではなく、一般的・抽象的な理解につながりやすいのではないでしょうか。

番組を見て知識が強化されたことは確認できましたが、それをさらに実践を通して実感させることでこの番組のよさが生きてくるのだと考えます。映像の視聴のみで終わりにしてしまうと、子どもにとっては「世の中にあふれている映像の一つ」でしかないでしょう。この番組の最後のコメント、「みんなならどんなものつくる？」を本当に実践しないとこの番組を活用したことにならないのです。

この、「みんなならどんなものつくる？」というコメントを、筆者は「みんなならこのアイデアをどう拡散させる？」と受け止めました。同じものを正確につくるのではあればそれは収束でありSTEM教育のスタンスです。このスタンスももちろん価値があるものです。しかし、A（アート）の観点、つまり拡散していく観点を入れることでSTEAM教育になると考えます。A（アート）で重要な「表現」は、基本的には他者の存在なくして成立せず、自らの表現を他者が受け止めてくれたり反応してくれたりすることに喜びや意味を感じます（自分のための表現というのもないわけではありませんが）。それが広く受け止められる、すなわち拡散したならば、ますます意味をもつことになります。このコピーを考えた人は秀逸であると思います。

6-2-2　有効な実践によって番組は完結する

※この項は青木隆氏（現・NHKエデュケーショナル）によります

「みんななら、どんなものつくる？」
　――番組の最後にキャラクターが視聴者に問いかけるこの言葉には、「番組をきっかけに、自分たちなりの課題に、自分たちなりの方法で取り組んでほしい」という、制作チームの思いが込められています。つまり、視聴するだけで知識を得ることができたり、番組で紹介しているものづくりをそのままなぞれば何かが身に付いたりということではなく、視聴者がそれぞれの課題に向き合い、試行錯誤することで、はじめて番組が本来の意味をもつ、という考えが、『ツクランカー』という番組の背景にはあります。
　しかし、「それぞれの課題」に「みんなで学ぶ教室」で取り組むのは容易ではありません。ましてや『ツクランカー』は総合的な学習の時間での活用を想定しているので、実践は10時間コース。現場の先生方にどこまで受け入れていただけるかは、立ち上げ当初、未知数でした。
　そうした懸念を軽やかに乗り超えてくださったのが、今回紹介されている北海道での実践に関わった先生方でした。事前の打ち合わせでお話した際に、すぐにそれぞれの学校で長年取り組んでいるテーマと結び付けての番組活用法が決まり、それは見事に「番組と同じテーマではないが、番組を参考に試行錯誤することができる」内容でした。そして、目的がしっかりしているために、子どもたちはそれぞれ「意味のある試行錯誤」をすることができ、「よりよいもの」を創り上げていました。それぞれの思いをベースにしたグループでのものづくりは、「個別最適」かつ「協働的」で、子どもたちの充実した学びのために番組が生かされている実践に立ち会えた時間は、制作者としてとても充実したものでした。

協力してくださった学校の校長先生・担当の先生方に、深く感謝を申し上げます。

6-3-1　不完全なキットによる実践結果の検討

「Art を基盤とした小学校における STEAM 教育の実践と効果―『不完全なキット』による『目的をもった試行錯誤』」の実践を行いました。

「棒の長さと音の間には、何らかの関係性がある」ということを楽器の制作過程で実感してもらい、実際に演奏をします。このような活動を経ることで、STEAM 教育の各領域に関わることができると考えました。

本実践では、「授業実践の前後に、自由記述も含むアンケート」、および「授業中の児童の発言を記録」を実施し、その結果を比較・分類することを行いました。実践は、北海道内の小学校で４年生および６年生を対象に行いました。事前に行ったアンケートは、すでに実践記録の部分で掲載した通りです。

児童のプロトコルから、特徴的な箇所をご紹介します（発言ママ）。１時間目の「セット内容の確認」のところで、「棒に名前書いたら、台に立てたらいいね」と指示したところ、数名が、長さ順に並べていました。ここでは、教師からの指示がなくても「順序性」を意識した行動が見られました。その後、今回目指す音はこれ、と言って鍵盤で音階を弾いて聞かせ、「みんなの今の棒の状態はどう？　端から順に叩いてみて」と言うと、ほとんどの子どもたちは叩きながら「わあ、めちゃくちゃだ」「これじゃだめだ」という発言をしたのですが、その中で、一人だけ「そんなにめちゃくちゃでもない」と言った子がいました。ここで何らかの「規則性」がありそうだということがクラス内で確認できました。

さらに、なぜ「そんなにめちゃくちゃでもない」という発言が出たのだろう？　気持ち分かるかな？　と問いかけると、多くの子が、「順番に並んでいるからだ」と気付きました。この段階でクラス全員で「順序性」についての確認ができたと判断しました。そして、前回（昨年、もっとシンプルな５本しか棒がないチャイムをつくった）その楽器をつくったときに、棒が長いと音が低くなり、短いと高くなることを確認していました。「今回もそうなっているか叩いて確認してみて」と指示すると、数名、「あれ？」と言っている子がみられました。これは、同じ長さの板なのに、音の高さが違っていたためです。ここで、密度が違うために音の高さが違うことを確認すると「ああ！　そうだった！」という反応がありました。

作業中、「もし、切りすぎちゃったらどうする？」と問いかけたところ、すかさず数名が「予備を使う!!」と言ったのですが、一拍おいて、「いや、切りすぎたものも使えるんじゃないだろうか？」「他の音にしたらいい」という発言がありました。これについては、部品を他の箇所で使ってみるという「調整」につながる発言です。これは目的をもった試行錯誤につながるのではないかとも考えています。また、作業中、だいぶ進んできて「Ｃの音（ド）をＡ（ラ）にしたい」と言う子どもがいました。その子どもは「だいぶ切んないといけないな。だって、ＣとＡってすごく離れているから……」と発言しており、これは「順序性・規則性」の意識であると判断しました。

さらに、別の子どもに「どのくらい切ったらいい？」と長さについて聞いたところ、「いや、ただ、中どんくらい詰まってるかわかんないから……」という「密度」についての発言がみられました。

事後アンケートの調査項目については、楽器制作の前は制作について「難しいだろう」と感じた子どもが7割程度見られましたが、制作後は「うまくいった」と感じた子どもが増加していました。自由記述では、「切りすぎても他の音に使ったりするなど工夫をすればいいと思いました」「切りすぎてしまったら、次はどのくらい切ればよいのかを考えられるので、それも勉強になると思いました」「調整する事が難しかったです」といったものが見られました（原文ママ）。

プロトコルやアンケート調査の結果からは、大半の子どもたちが、「不完全なキット」としての木琴を完成させるために、「音程を合わせて音階をつくる」という目的を意識し、「試行錯誤しながら木材の長さを調整」していたと判断できました。このことは、個々に調整が必要な「不完全なキット」としての楽器の製作が「直感」を働かせるA（アート）を基盤としたSTEAM教育の実践の場、特にE（エンジニアリング）における「目的をもった試行錯誤」を行う場として機能したことを示唆しているといえます。今後、本実践のような「目的をもった試行錯誤」の経験が、他教科の学習にどのように生かされるのかをより長期的な視点で検討していくことが望まれます。

不完全なキットの使用によって、自律性（自分たちでどうにか解決する）や創造性（新しい使い方や、よりよい音が出るように置き方を工夫する等）が見られました。十分に整ったキットとは異なり、あえて不便で、完成が無保障、また使用法も確定していない教材を用いたことで、得られた成果であると考えます。

この実践〈５〉は、〈３〉と関連したものです。相違点としては、音板を８本備えて、いわゆるドレミファソラシドの８音を出せることと、音板を取捨選択して任意の音階をつくることができることが挙げられます。それ以外については〈３〉と同様であるため、実践結果の検討については相違点に関わるもののみを掲出します。

子どもたちの感想については、書かれている内容を大まかに分類するためにテキストマイニングの「階層的クラスター分析」を使ってみました。これまでの「対応分析」では「実践あり／視聴のみ」のようにグループが事前に確定していたり、対象人数が少ないことから子ども一人一人が対応分析の図内に四角として表示されたりしていました。ここで適用する「階層的クラスター分析」という手法は「どんなグルーピングになるかを調べてみる」という目的で用いられるものです。これは【図36】にあるようにトーナメント表のような出力となり、「お互いの近くにある語句ほど同じような使われ方をしている」、つまり「同じグループと見做(な)す」という考え方です。なお、対応分析と同様に条件が違えば出力のされ方も異なることに留意す

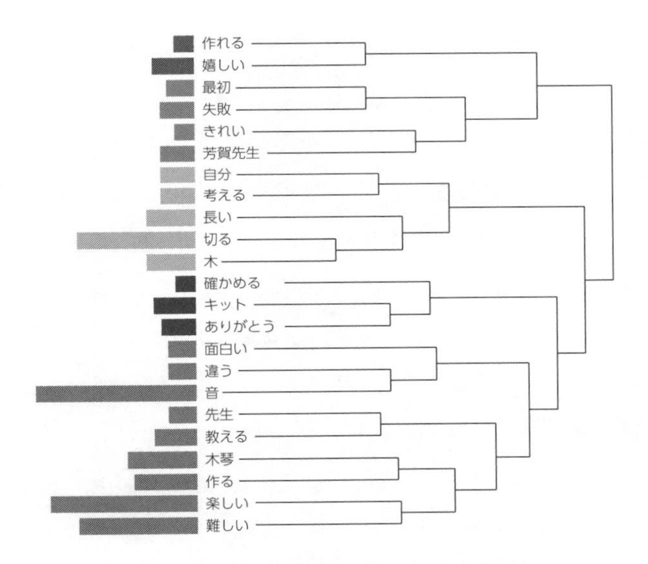

【図36】子どもの感想文の階層的クラスター分析の結果

る必要があります[110]。

【図36】にあるように５つのグループに分かれます。分析は「感想に含まれる文」ごとに行っています。つまり、ある子どもの感想文が６つの文からなる文章だった場合、分析は６つの文それぞれに対して行われます。ですから、一人の感想文に複数のグループが含まれることになり、グループというよりも要素といった意味合いになります。【図36】の上から特徴的な語句によって名称をつけていくと「作れる、嬉しい」「最初、失敗」「切る、長い、木」「キット、ありがとう」「音、楽しい、難しい」ということになります。

「作れる、嬉しい」には、例えば「失敗しそうで怖かったけど、完成できたから“嬉しかった”」「不安が大きかったけれどやってみると、とても楽しく、きれいな音がなったのでよかったし、“嬉しかった”です」といった文章が見られました。やはり実際に手を動かして何かを完成させることは嬉しさにつながるようです（筆者注：文中の「“　”」は筆者が付加しました。以下同様です）。

「最初、失敗」では、「“最初”は“失敗”したけど友達と協力して解決ができた」「“失敗”しても、友だちと協力して直すことができるのは大変だが、力がついていいと思った」といった記述が見られました。「最初、失敗」という語句で分類されてはいますが、友達との協力で解決できたことや、力がついたことなどに言及しており、肯定的な捉え方をしていることが分かります。

「切る、長い、木」では、「“木”を“切る”のがとても怖かったけど、自分で考えてできたので楽しかったです」「“長い”棒を少し削りすぎたり、削りたりないだけで音が違う音になってしまうのでとても難しいと思いました」といった記述が見られました。音の高さと棒の長さとの間に関係があることは知識として知っていても、自分の予想に反して調整が難しかったことは経験したからこそ得られる感覚です。調整しながら精度を上げていくことは E（エンジニアリング） にも通じるといえます。楽器をつくるという A（アート）の活動の中に E（エンジニアリング） の側面が見られたことは、この教材が STEAM 教育の素材として有効であることを示唆しているように思います。ここでは他にも「“木”を“切った”あとに、音がちょうどその音になった時に、すごいスッキリして楽しかったです」という記述もみられました。“スッキリ”とは直感からくる表現です。本書の前段で「科学につながる『見方・考え方』の根源には直感があるはず」と述べましたが、この活動のように「演奏可能な精度をもった楽器をつくる」という論理に基づいた活動の中で、直感に基づく感覚が得られたことは重要なことであると考えます。

「キット、ありがとう」では、「音を確かめてくれたり、アドバイスしてくれたり、“キット”を用意して頂き“ありがとう”ございました」「この“キット”のおかげで音楽の勉強になりました。“ありがとう”ございました」といった記述が見られました。STEAM 教育の要素とは直接関係しない視点からの記述ではありますが、授業者として非常に嬉しく思いました。

「音、楽しい、難しい」では、「“難しかった”けど、“音”がきれいにできたし“楽しかった”です」「ふつうのキットを使った活動より“難しかった”けど自分で考えて木を切ったりして“楽しかった”です」といった記述が見られました。「楽しい」と「難しい」が共存しているのは不思議な感じもしますが、学習活動における「適度な難しさ」の必要性をこの記述から改めて認識することができました。ここでは「木琴を作るのが“難し”すぎず簡単すぎずでいいと思いました」という記述もあったのですが、これはまさに「適度な難しさ」の必要性を指摘しているといえます。

感想以外の設問について、以下に述べます。
「3つの音階はそれぞれ、違う感じがしましたか」という設問には、全員が「はい」と回答しました。
また、「3種類の音のぬかし方以外のぬかし方を自分で考えてみたい」という回答が93.3%で、自律性が見て取れるものでした。
なお、「先生が提示した3種類以外のぬかし方をしたらどうなると思いますか」との設問には、「ヤバクなると思う」という不安めいたコメントもありましたが、「クセやどくとくさがでると思う」「ちがう感じの曲ができると思う」「かわってちがうかんじの曲になると思う」「ちがうふんいきが出来るかもしれない」「ちがうふんいきになるかも」「ちがうふんいきになるかもなると思う」という、雰囲気が変わることを予想したものや、「色々な音階ができると思う」「ちがう歌ができると思う」「よい曲になるとおもう」「いい曲ができると思う」「いいのもあるかもしれないし、あまりよくないのもあるかもしれないけどワクワクする」といった期待めいたことを書いたもの、「洋風ができると思う」「どくとくな楽曲ができると思う」「洋風と和風が合わさったような感じになる」という雰囲気を予想するものが見られました（子どもの記述はすべて原文ママ）。

「選んだ音階でぶら下げてみたとき、どう感じましたか」という設問に対し、回答は、きれいな音と感じている反面、音階の違いまでは知覚されていないようでした。木琴の性能によるものであれば改善しないといけませんが、音階の違いによる響きの違いの知覚・感受については、丁寧に聴き比べをすることで、もう少し掘り下げられることが予想されます。

教材（木琴）に関する児童の感想としては、「愛着がわく」「もっと楽しくなって、すごかった」「きれいな音にもなってうれしかった」「みんなでもりあがってうれしかった」「思考力がつく」といった、手づくりをしたことに由来することが推察される文言や、「正しい音が気になる」「なにかいへんがないかかんがえる」「さくが思いつかない」という、音楽室の楽器や自分が普段使用している鍵盤ハーモニカやリコーダーとの違いを感じたことが推察される文言が見られました。これらは手づくりの楽器を用いたことによる効果や影響であることが推察されます。

すなわち、「手づくり」ということに関し、「完全でない楽器（調律）⇔市販の楽器」「寛容さ（レベルの高さの観点はクオリティだけではない＝音楽の世界の拡張）」「より、問題に気付ける（よい音は当たり前ではない）」「不正解も正解である場合がある（あえて不合理な奏法や音色を選択したほうがよい場面）」ということに触れる感受がされたことが期待されます。

子どもたちにとっての音楽の世界の拡張を図っていくということに関しても、今後、さらに追究していきたいと思います。

第６章では、〈3〉～〈5〉の３つの章にわたって述べてきた実践に関し、子どもたちへのアンケート結果から検討をしました。その結果は各節をご覧いただきたいと思いますが、総合すると、直感と論理を使いながら試行錯誤を繰り返すことで、STEAM 教育の各領域につながる気付きが得られること、個別的・具体的な映像の視聴のみに留まるのではなく実践を伴わせて実感させることで断片的でなく一般的・抽象的な理解につながること、学習活動における「適度な難しさ」が必要なことを、認識することができました。

なお、何より印象的だったのは、子どもたちの高い関心・意欲、そして主体的に活動に取り組む態度でした。まさに、楽しく、全力で、協働的に、創造性を発揮して……という「今」を実感的に振り返ることができるような活動だったのだということであるならば、これ以上嬉しいことはありません。

おわりに

「これから先のどうなるか分からない世界をみんなで生き抜いていくための人間としての力を育成する」ということが求められる学校において、これは音楽、これは理科といった具合に「教科」を意識しない在り方の学習・活動の時間があれば、それは子どもたちにとって自然なことであるという立場から、STEAM教育を考慮した活動について考えてみました。

音楽や理科、算数といった各「教科」の学習には、それぞれの楽しさや充実感がありますが、それらが別個でなく、融合した学習には、総合的な存在である子どもたちにとって、理に適った学習といえる魅力があります。大人のつくった「教科」という垣根に縛られない活動について、本書で触れてきました。

例えば、「木琴づくり」の実践に取り組むうち、例えば、材料を規定するだけといった方法で行うとか、本数と長さも子どもたちに考えてもらうとか（そうしたら、音高と音板の長さは直線的な等差の関係ではないことに気付けるかもしれません）、複数の木材を組み合わせたり、全部同じ長さの音板で音階をつくったり、クラス全員でフルサイズの大型木琴を協力してつくったり（それを用いて学芸会の演奏をしたら楽しいですね）、と、様々な情景が頭に浮かんできました。また、前著で弦楽器、本書で打楽器を扱ったことから、次作では管楽器に挑戦してみたいという気持ちも芽生えてきました。

筆者のこだわりの一つとして、こうした実践をへき地をはじめとした地域において行うことがありました。日本創成会議の提言には、地方に対する具体的な施策メニューとして、「『地域自治体による連携』のほか、『地域経済を支える基盤づくり』や『農林水産業の再生』、さらに『地方へ人を呼び込む魅力づくり』を展開する」[111]とあります。その実現のためには、これらに共通して必要と考えられる、発想とそれを実現する力である、創造力を育まねばならないといえます。

この創造力とは、ひらめき、すなわち単にアイデアが浮かぶことを指すものではありません。その例として、空飛ぶ機械をつくるというアイデアを最初に思いついたり最初につくり始めたりしたわけではないライト兄弟が、史上初めて空を飛ぶことになったことを挙げ、「創造は魔法ではなく、地道な努力の結果なのである」[112]とケビン＝アシュトンは言います。「創造とは飛躍することではなく、段階を踏むことだ。問題を見つけては解決してを繰り返すのだ。段階を踏んでいけば、ほとんどの場合成功する。一流の芸術家、科学者、技術者、発明家、企業家といったクリエイターは、新しい問題から新しい解決策へ、そこからさらに次の問題を見つけるという段階を踏んでいる」[113]というのです。「普通の人間が作業を積み重ねることが創造の真の姿」[114]なのであるともいいます。

同様に、キャサリン・ミリケンは、ノーベル賞を受賞したある理系の博士が、10年間もの間ずっと一つの問題に取り組み、ある日の15分のひらめきでその問題を解決できたが、もし5年間で諦めていたらその新しい知見には辿り着けなかったとして、「創造性の教育は、子どもの好奇心を養い、自信を強めさせ、物事に対しての諦めない姿勢を育みます。好奇心や自信、諦めない姿勢は、学習することすべてにおける基本」[115]であると述べています。

すなわち、関心・意欲に裏打ちされ、知識・技能を断片的なものとせず活用していく思考を展開する態度が求められているといえるでしょう。

地方に限らず、新興国にコスト競争力で勝つことが難しい我が国が、高付加価値産業への構造転換を急ぐべきこれからの時代に臨む際には、創造性を育んでいく上でも、「ばらばらの知識の『記憶』と『再生』ではなく、現実の世界でリアルな課題の『探求』あるいは『問題解決』が重要」[116]になるといえ、そうした地道な積み重ねを継続し、「仲間との創造的な体験を通して、「自分らしく、知恵やものを新しく生み出したり、すでにあるものに新たな価値を付け加えたりする能力や態度」[117]

を育てる教育活動として展開していく必要があるといえます。ただし、しばしば教育において見られる、国や大人の事情を子どもに下ろしてくる側面や事情は頭の片隅に置きながら、本書では、あくまで「子どもたちの未来の幸せのために実践していく」という態度で臨んできたつもりです。

しばしばA（アート）において「ピアノ演奏テクニック（T）」という表現に触れますが、本書の考え方によれば、楽器の奏法はE（エンジニアリング）であると捉えることができます。ものづくりにおいても、我が国は職人芸（A（アート）のような趣をもっています）に恵まれていることから、E（エンジニアリング）が重要で、よく馴染むのだと思います。しかし、その一方で、我が国の、社会の認証システムは筆記テスト・試験で、それはS（サイエンス）的なものですから、意識におけるそれらの分離が少なからず世の中を覆っているように思えるのです。そうした（分離が起きている）状況下では、統合的に物事を捉えるSTEAM教育が馴染むのは難しいのではないかと考えます。しかし、p.65で述べたように、そのような状況下でこそ「文文両道」を意識して、あくまでも「合科」という意識の上に立つことを忘れないようにすることが重要であると考えています。本書で重視したE（エンジニアリング）とA（アート）は、関わることができる人が多いのではないでしょうか。T（テクノロジー）やS（サイエンス）は、理系離れという言葉も聞かれるように、あまりに専門的であるという印象をもたれてしまうと、一部の人のものという印象を伴ってしまいます。

しかも、理系に進みたいと思っても、道具であるM（マスマティックス）でつまずいてしまって、結果的に選別のための「ふるい」のようになってしまっている向きもないとはいえないのではないでしょうか。同様に、A（アート）も、あまりに専門的に「技術（T）」を磨き込むような印象が強くなりすぎると、人々に近寄りがたくさせてしまうことがあるでしょう。

本書の**〈1-1〉**や、この**〈おわりに〉**で述べた「これから先のどうなるか分からない世界をみんなで生き抜いていくための人間としての力を育成する」ことと向き合うとき、「人間味」ということがいつも頭のどこかにありました。STEAM（スティーム）（S（サイエンス）・T（テクノロジー）・E（エンジニアリング）・A（アート）・M（マスマティックス）、あるいは、S（科学）・T（技術）・E（工学）・A（芸術）・M（算数・数学））のそれぞれには、人間味が絡むものとドライなものがあるように感じます。T（テクノロジー）も、S（サイエンス）によって見いだしたものを役立つ具体物にするときには人間の動機があることが想像されます。そして、そこには倫理観（本書でも触れましたがAに含まれる場合があります）がどのように関わるか――倫理観は、ある種のバランス感覚であるといえそうです――見失うとどうなるかということです。

このようなことを考えてみるにつけ、「音楽」が「副教科」といわれる時点で、学校自らが、「すぐに役に立つものを優先」という価値観に染まっているのではないかと思われて仕方がないのです。しばしば「論破」という言葉が聞かれますが、「論理的」なものには強さがあります。論理とは、言葉のつながりです。たとえそれが直感的におかしい接続だったとしても、意味がつながっていれば論理的であるといえます。芸術は直感です。これは非論理的なのではなくて、直感です。非論理的というのは言葉の意味がつながってない状態を指しますが、芸術を非論理的と捉えるから、「役に立たない」と見なされるのかもしれません。筆者は、直感からスタートして、論理的に思考を重ねていく、その過程も直感的に確認し続ける、という有機的なプロセスを大切にしたいと考えて、本書の実践を行いました。

余談ですが、『裏柱振木琴（リバーシブル）チャイム』の実践を終えてしばらく経ったある日、中頓別小学校から「『**ぜひ自分の木琴で演奏をしたい』と4年生の児童たちが担任に申し出た**そうです」（原文ママ）という連絡をいただきました。何と素敵なお話なのだと大変嬉しく思いました。子どもたちが、自らのつくった楽器に愛着を感じていてくれたのでしょうか。しかも、**自ら提案して、学習発表会のプログラムに組み込まれた**というのです。子どもたちの提案を受け止めて取り入れてくださった**先生方の姿勢も、まさに「大人も子どもたちとともに次の時代をつくっていく」という在り方を体現**したということではないでしょうか。さらに町民文化祭における作品展示のコーナーにも、木琴とSTEAM教育についての紹介のスペースが設置され、保護者の皆様だけではなく、地域の方々にも紹介がなされたということです。こうした出来事から、やがてへき地をはじめとする地域、そして全国へと創造の輪が広がっていくことになれば、望外の幸せであると感じております。

本書における実践は主に芳賀が、分析は主に森が担当しつつも、本書の作成過程を含め、筆者二人は常に対話を続けてきました。二人の担当部分が明確に切り分けられないことが本書の特徴でもあり、実は、筆者自身の行ってきたこれこそ「主体的・対話的で深い学び」であったと感じているところです。

謝 辞

本書に関わる実践は、浜頓別町立浜頓別小学校・留萌市立緑丘小学校・中頓別町立中頓別小学校において行いました。授業に参加してくださった子どもたち、教育現場の先生方、実践に関わってくれた学生のみなさんに、心より感謝申し上げます。今後とも、みんなで素敵な教室をつくっていけることを切に願います。

第４章においては日本放送協会（NHK）の青木隆様（所属は当時のもの）、第５章においては（株）アクトエデュケーションの永尾隼様との協働により、豊かな活動を展開することが叶いましたことに、深く感謝申し上げます。

本書を作成するにあたり、幻冬舎メディアコンサルティングの深澤京花様には企画から具体化までのお導きをいただき、山下達玄様には現実の書籍化に向けたご面倒な編集作業を通して大変お世話になりました。心より御礼申し上げます。

後 注

1）中央教育審議会の答申では、資質・能力（「知識・技能」「思考力・判断力・表現力等」「学びに向かう力・人間性等」）を「幼児期から高等学校教育までを通じて育成を目指す」とされている。中央教育審議会「第３期教育振興基本計画について（答申）」H30.3.8,p.17. https://www.mext.go.jp/b_menu/shingi/chukyo/chukyo0/toushin/__icsFiles/afieldfile/2018/03/08/1402213_01_1.pdf［2021.9.2.13:37 閲覧］

2）ここでは、文部科学省『小学校学習指導要領（平成 29 年告示）解説 音楽編』東洋館出版社、2018. を参照した。

3）伊藤穰一『教養としてのテクノロジー AI、仮想通貨、ブロックチェーン』NHK 出版、2018. に「AI が仕事のあらゆるところに導入され、人類が機械に置き換えられる時代が始まります（p.125.）」とある。このことは、ロボットのような人間を育てても仕方がなく、「ロボットを育てても意味がない（p.124.）」ということを意味する。

4）同上書、pp.125-126. では、「これまで義務教育が担ってきた役割は、産業革命後の初期であれば工場労働者を輩出するためであり、産業や軍事のために子どもを育てるという目的がありました。産業や軍事のなかに入って仕事をさせるには、誰もが同じ知識を持ち、グループの規律や服従を学ぶことが必要だったのです。続けて登場したのが、いわゆる会社で働くホワイトカラーの養成です。日本のエリート教育は、一部は労働者を管理する人間に育てていますが、基本的には言われたことに疑問を持たず、なるべく皆と同じような思考を持つ『入れ替え可能なお利口さん』を育てるシステムです。これまでの『労働』が AI やロボットに置き換えられ、国を超えた競争が激しくなる時代に、このようなシステムでは必要な人材が育ちません」と、明確に説明されている。

5）ヤング吉原麻里子・木島里江『世界を変えるＳＴＥＡＭ人材』朝日新聞出版、2019、p.108.

6）このことについては、奈須正裕『「資質・能力」と学びのメカニズム』東洋館出版社、2017、p.170. の、「複雑で混濁した状況で学んだ知識であってこそ、複雑で混濁した現実場面の問題解決での活用に耐えることができます」「不自然なまでの過剰な単純化は、子供の授業参加への道を狭め、かえって習得の可能性を引き下げ、さらにせっかく習得した知識さえも生きて働かない質のものに留めてきたのです」という記述が関連あると考える。また、同書 pp.167-168 には、「具体的な文脈や状況を豊かに含み込んだ本物の社会的実践への参画として学びをデザインしてやれば、学び取られた知識も本物となり、現実の問題解決に生きて働くのではないか。これがオーセンティックな（authentic：真正の、本物の）学習の基本的な考え方です」とある。

7）「教科」という垣根が極めて低い「合科」に対し、「教科横断」は「教科」の垣根があることが意識されているといってよい。我が国の教育界では、「合科」という用語自体は、大正中期に使われ始めた。各教科の枠を超えた、総合的な学習課題に迫る実践が各地で試みられ、「分科」と対応して「合科」という用語が生まれ、大正期から昭和にかけてほぼ定着したものである（木原健太郎編『総合・合科的学習の教育課程化』

明治図書、1977、p.21.)。合科的学習と教科横断的学習であるが、教科横断的学習の中に合科的学習が含まれるという整理もある（静岡県総合教育センターhttp://web.thn.jp/ninjinhouse/j-sougou-teigi.pdf［2022.9.10.10:15 閲覧］)。合科的学習は、現状のように、教科が分けられている現実を前提にしたときには、ねらいを達成するために、各教科の類似教材を組み合わせることが多いようである。一時期よく聞かれた「クロスカリキュラム」も教科横断的学習の一つであると考えられる。これは、各教科の枠は保ったまま、教科間の関連指導を充実させることを意味していた。教科横断的学習の対になる概念が総合的学習（学習指導要領における「総合的な学習の時間」）で、総合的学習は「各教科で身に付けた力」を「教科の枠を超えた分野で活用させる」ことをねらいとするものである。なお、筆者は、合科には3つの形があると考えている。1つ目は「教材（テーマ）の内容」に焦点を当てた（あるテーマを複数の教科で扱う）合科的学習、2つ目は、「活動や授業法」に焦点を当てた合科的学習（国語と音楽の学習を、共通の授業方法で行う）である。しかし、筆者は、より全人的な教育を目指す上で、一歩踏み込んで（3つ目）「能力分析的観点による合科」（例えば、関心・意欲・態度とか、思考力・判断力といった観点）を目指した活動を構成する必要があると考えている。このことで、「音楽は好きだが数学は嫌い」というような言葉に表れる、教科分断的な意識も克服したいと考える。

8）冨澤美千子「総合的な学習の時間の矛盾と拡張可能性——教育目標達成のジレンマからの解放」山住勝広編著『拡張的学習とイノベーション——活動理論との対話——』ミネルヴァ書房、2022、p.61.

9）同上書、p.69.

10）前掲書3)、p.138. から引用。なお、「未来志向者」「現在志向者」はそれぞれの訳語として同ページ内に記述されており、引用箇所に筆者が（カッコ）内で追記した。

11）学校でのお勉強は子どもたちの「将来のため」といわれる。このことに関わっては、ほとんどの親が「『子どもたちのいましていることは、将来に向けての準備じゃないと意味がない』と考え、『将来お金がたくさんもらえるように』『将来好きなことができるように』と、『いま』ではなく、『未来』を生きること」を求めているという指摘（前掲書3)、p.137.）がある。このような発想の教育を受けると、「いまを生きる」方法を忘れてしまい、「大人になっても、将来のための準備が一生続くような意識を持つようになってしまう」（同書、p.139.）という。

12）今を全力で、実感を強くもちながら活動することの重要性と関わっては、野球の鈴木一朗（イチロー）氏が、智辯和歌山高校野球部を訪れて行った指導（令和2年12月）にも関連が見られる。投球では「限界まで強い球を投げる」、打撃では「とにかく遠くに飛ばすように全力でバットを振れる」ようにしておく、という趣旨の内容があった。練習量が過剰になると無意識のうちに力を加減してしまい、長時間の練習の終了時まで体力がもつようにペース配分することになって、今、眼前のボールに全力を込められない。負けられない試合という重圧の中でも力を発揮して結果を残すということはできないということにつながる。これは、これから先のどうなるか分からない世界という、さながら負けられない試合と同様の重圧がかかってくる未来を生き抜いていくための力を育成する上で重視すべきことと重なるといえる。楽しく、全力で、協働的に、創造性を発揮して……という「今」が、まさに未来にどんどん進入していっている瞬間であり、「今」の態度が、すなわちそのまま未来の姿であるということになる。

13) 高浦勝義『絶対評価とルーブリックの理論と実際』黎明書房、2004、p.99.

14) こうしたことは、学習をやりなれていると思われる大学生にとっても同様である。「学習者が自ら答えを見出す学習への価値づけ」「なぜ自分は今まで勉強してきたのか、勉強とは自分にとって何だったのか、なぜ自分は大学にいるのか、大学でなければならなかったのか、等を自分に問いかけてみる」(溝上慎一「大学生の学習意欲」『京都大学高等教育研究』2、京都大学、1996、p.194.)といった具合に「価値」がキーワードになる。また、「自ら学ぶという姿勢を身につける上で、学ぶことに自分なりの意義を見出すことが重要」(伊田勝憲「教員養成課程学生における自律的な学習動機づけ像の検討―自我同一性、達成動機、職業レディネスと課題価値評定との関連から―」『教育心理学研究』51 (4)、日本教育心理学会、2003、p.367.)との指摘がある。進路目標を明確にもっている学生とそうでない学生では、「利用価値」か「学習の面白さ」という具合に求めるものが異なるといい、それぞれに意義を感じる。これらを踏まえると、役立つとか楽しいといった意義を実感できることを考慮して活動を構成することが重要であるといえる。

15) 高浦勝義『総合学習の理論・実践・評価』黎明書房、1998、p.9.

16) 中野重人・廣嶋憲一郎編著『自ら学ぶ「総合的な学習の時間」のつくり方』東洋館出版社、1999、p.7.

17) 同上書、p.12.

18) 児島邦宏・羽豆成二編『小学校「総合的な学習の時間」研究の手引』明治図書、1997、p.9.

19) 同上。

20) 北俊夫『「総合的な学習の時間」の学力と評価技法の開発』明治図書、2001、p.9.

21) 前掲書15)、p.10. 参照。

22) 前掲書18)、p.1.

23) 前掲書18)、p.1.

24) 前掲書18)、p.9.

25) 前掲書15)、p.15.

26) 前掲書16)、p.9.

27) 前掲書16)、p.9.

28) 前掲書16)、p.14.

29) 前掲書16)、p.15.

30) 前掲書16)、p.15.

31) 筑波大学附属小学校初等教育研究会『自分づくりを支える総合活動』図書文化、1999、p.16.

32) 前掲書16)、p.11.

33) 前掲書16)、p.15.

34) 前掲書31)、p.17. に、「『活動それ自体を目標とする学習』があっていいはずだという考え方から、この活動を『総合活動』と名づけ」て昭和48年度から設定されたことが述べられている。事実上の「総合的な学習の時間」であるといえる。

35) 前掲書 15)、p.14.
36) 前掲書 15)、p.17.
37) 前掲書 16)、pp.26-27.
38) 前掲書 16)、p.27. 参照。
39) 文部科学省『小学校学習指導要領（平成 29 年告示）解説 総合的な学習の時間編』2017、p.6.
40) 日本実業出版社編・茂木健一郎監修『学問のしくみ事典』日本実業出版社、2016、p.130.
41) 文部科学省 Web サイト「小学校学習指導要領（平成 10 年 12 月）」https://www.mext.go.jp/a_menu/shotou/cs/1319944.htm [2022.07.13. 14:11 閲覧]
42) 松浦善満「疲弊する教師たち」、油布佐和子編『教師の現在・教職の未来―明日の教師像を模索する―』教育出版、1999、pp.16-30.
43) 池野範男「教科教育の研究と実践」、日本教科教育学会 編『今なぜ、教科教育なのか』文溪堂、2015、pp.99-100.
44) 文部科学省「OECD Education 2030 プロジェクトについて」https://www.oecd.org/education/2030-project/about/documents/OECD-Education-2030-Position-Paper_Japanese.pdf［2021.09.03.13:59 閲覧］
45) 同上サイト、p.5.
46) 堀田龍也「新しい時代の学びに向けた ICT 活用に関する考え方」『中央教育審議会 初等中等教育分科会 新しい時代の初等中等教育の在り方特別部会』2020、https://www.mext.go.jp/kaigisiryo/content/20201113-mxt_syoto02-000010853_2.pdf [2022.06.01.13:15 閲覧]
47) 例えば、「義務教育段階では Engineering について独立した教科として確立されていない」という指摘（Yata, C., Ohtani, T. & Isobe, M.（2020）: Conceptual framework of STEM based on Japanese subject principles, *International Journal of STEM Education*, 7, 12.（https://stemeducationjournal.springeropen.com/articles/10.1186/s40594-020-00205-8［2022.09.15.14:59. 閲覧］））にもあるように、Engineering を通常の訳語の「工学」（研究社「新英和中辞典 第 7 版」等）として扱うことは、教育の文脈では適切でないことが考えられる。山崎も「我が国での工学教育の対象は、主として高専や大学などの高等教育段階である」（山崎貞登「STEM、STEAM 教育、エンジニアリング教育概念の比較教育からの論点整理」『日本産業技術教育学会誌』62（3）、2020、pp.197-207.）と述べ、論文中では「エンジニアリング」と表記している。同様に、Engineering の訳語を「エンジニアリング」としたものがある（木村優里・原口るみ・大谷忠「実社会・実生活の問題解決という文脈を導入した STEM 教育型理科授業のデザインに関する研究」『科学教育研究』45（2）、2021、pp.184-193.）。このような状況を考慮し、本書においても Engineering の訳語を「エンジニアリング」とする。
48) STEM 教育においても、我が国の学習指導要領の改訂における議論に一定程度対応し、教科横断的な学習を通した「思考力・判断力・表現力等」や「学びに向かう力・人間性」の育成が目指されていることが指摘されている（松原憲治・高阪将人「資質・能力の育成を重視する教科横断的な学習としての STEM 教育と問い」『科学教育研究』

41（2）、2017、pp.150-160.）。STEM 教育とは Science（科学）、Technology（技術）、Engineering（エンジニアリング）（1）、Mathematics（数学）の各領域の教育を統合して推進しようとする試みである（木村優里・原口るみ・大谷忠「実社会・実生活の問題解決という文脈を導入した STEM 教育型理科授業のデザインに関する研究」『科学教育研究』45（2）、2021、pp.184-193.）。

49）大谷忠「STEM/STEAM 教育をどう考えればよいか―諸外国の動向と日本の現状を通して―」『科学教育研究』45（2）、2021、pp.93-102.

50）SoonBeom Kwon, et al.（2011）. “The Effects of Convergence Education based STEAM on Elementary School Students' Creative Personality” *Proceedings of the 19th International Conference on Computers in Education.* T.Hirashima et al.（Eds.）Chiang Mai, Thailand: Asia-Pacific Society for Computers in Education.

51）文部科学省初等中等教育局、「STEAM 教育等の各教科等横断的な学習の推進について」https://www.mext.go.jp/a_menu/shotou/new-cs/mext_01592.html［2022.9.10.16.56. 閲覧］

52）例えば、日本経済新聞（2016.1.20、北海道 27 面「ビジネスに生かす人材育て」）には「国内の調査では中学生以降の『理科離れ』が浮き彫りになっている。学力だけでなく実践力も身につけなければ、将来の産業競争力で欧米に後れを取りかねない」という記事が見られる。

53）丸山恭司・磯﨑哲夫・古賀信吉・三好美織・影山和也・渡辺健次「STEM 教育の展開可能性に関する研究」『広島大学大学院教育学研究科共同研究プロジェクト報告書』13 巻、広島大学大学院教育学研究科、2015、p.23.

54）芳賀均・森健一郎「音楽と理系領域の合科的学習の試み―振動数比を基にした和音の響きを題材として―」『音楽教育実践ジャーナル』17、2019、pp.56-65.

55）同前掲 51）、p.9.

56）辻合華子・長谷川春生「STEAM 教育における“A”の概念について」『科学教育研究』44（2）、2020、pp.93-103. に「その都度“A”とは Art であったり、Arts であったりと、場合に応じた概念を採用しながら推進されようとしている」と述べられているように、Art と Arts のそれぞれが示す概念についても定まった見解がない状況である。文部科学省では、Liberal Arts の考え方に基づいた記述がなされている。本書では、芸術の一つである音楽に着目していることから Art と表記する。ただし、“A”を Liberal Arts と捉えることを否定するものではない。

57）芳賀均・森健一郎『楽しい合科的学習の実践―音楽と他教科の合科・STEAM 教育を考慮した教科横断的な学習―』文芸社、2020.

58）山口周「教育に求める『美意識』とは？」『教育研究』74（10）、不昧堂出版、2019、p.62.

59）同上。

60）長岡亮介『数学の二つの心』日本評論社、2017、p. iv.

61）同前掲 44）。

62）前掲書 42）、p.6. および pp.5-6. 参照。

63）松尾知明『21 世紀型スキルとは何か』明石書店、2015、p.106.

64）小学 3 年生が理科の授業における「ものづくり」の活動を通して試行錯誤をする中

で、対象への興味や意欲、有用性への意識、コミュニケーション能力を高めたことが報告されている（林康成・三崎隆・村松浩幸「小学校理科のものづくりにおいて児童が試行錯誤してプログラミングした照度計を観察・実験で活用する効果」『日本科学教育学会年会論文集』42、2018、pp.283-286.）。

65) 前掲書 57)、p.125. 他。

66) 西園芳信『小学校音楽科カリキュラム構成に関する教育実践学的研究―「芸術の知」の能力の育成を目的として―』風間書房、2005、第1部、第3章、第2節 .

67) STEAM（STEM）教育が教科横断的学習か総合的学習かについては、その扱われ方によって様々である。英語では「7つの横断的な概念」という語句が示すように、横断的な意味合いが強いようである。その立場では、合科的学習やクロスカリキュラムにおいてSTEAM（STEM）教育が実践されていると解釈できる。その一方で、STEAM（STEM）教育の実践では、教科の枠をそもそも意識せず、地域の教育センターなどで科学教育の啓発の意味も含めつつ実施されるものも多く、このような場合は総合的学習に位置づけられることになる。論考によっては「横断的・総合的」と一括りの表現をされることも多いものの、教育課程に位置づける場合は、教科横断的学習であるのか、総合的学習であるのか、その実践のねらいに応じて区別することがカリキュラム・マネジメントの観点からも必要であろう。これは、昨今話題になっているプログラミング教育についても同様であると考える。

68) 芳賀均・森健一郎「音楽科における評価の観点に関する一考察―教科横断的な学習としてのSTEAM教育実践への布石―」『北海道教育大学大学院高度教職実践専攻研究紀要』9、2019、pp.175-187.

69) 現行（第9次）学習指導要領に基づく指導要録において、音楽科の評価の観点も他の教科と統一された。文部科学省の通知 [13] に、「各教科等の目標及び内容を『知識及び技能』、『思考力、判断力、表現力等』、『学びに向かう力、人間性等』の資質・能力の三つの柱で再整理した新学習指導要領の下での指導と評価の一体化を推進する観点から、観点別学習状況の評価の観点についても、これらの資質・能力に関わる『知識・技能』、『思考・判断・表現』、『主体的に学習に取り組む態度』の3観点に整理」とある。なお、総合的な学習の評価も、同様に行うことが望ましいと考えるが、このことは高浦の『総合学習の理論・実践・評価』前掲書 15)、第6章. に述べられている。そのことを踏まえた上で、現実的な対応として記述による評価とすることになっても、分析的な評価につながり、望ましいと考える。

70) 平成10～11年度改訂の学習指導要領から、理科では「科学的な概念」による学習内容の構造化が示されている。物理分野は「エネルギー」、化学分野は「粒子」、生物分野は「生命」、地学分野は「地球」となっている。この構造化は、学習内容をサイエンスの観点から整理したものといえるが、「サイエンスの観点からはつながっている」事実があっても「その時点での学習履歴を踏まえるとつながりが見えにくい」といった面もある。例えば、小学校・中学校の理科には「光と音」について学ぶ単元があり、「光の反射や屈折」「音の振動数や振幅」などについて学ぶが、これらを「エネルギー」と関連付けて扱うことは、小学校・中学校の段階では難しい現状がある。ただし、これは「カリキュラム全体が小中高を見通したかたちで構成されていること」の表れであり、カリキュラムが間違っていることを意味しない。こうしたことを踏まえると、教員養成に関わる大学においては「専門」として「ある分野を深く学ばせる」だけではなく、「小学校から（少なくとも）高等学校までのカリキュラムの全体像を理解させる」ことが求められるといえる。

71）高浦勝義「『教科』概念の見直し・再編問題」『個性化教育研究』第5号、日本個性化教育学会、2013、p.24.

72）前掲書15)、p.43.

73）前掲書15)、p.48.

74）奈須正裕『次代の学びを創る知恵とワザ』ぎょうせい、2020、p.60.

75）そうした、各教科等の特質に応じた「見方・考え方」が教科横断的に現れて、「なぜ、理科ではそうするのに社会科では別なやり方をするのか、といった問を子どもが発することが大切」（奈須正裕『「資質・能力」と学びのメカニズム』東洋館出版社、2017、p.18.）であるといえる。「その教科等ならではの独自性と、それを超えた共通性という二つの方向から予想を立てる、筋道を通して考えるといった思考を立体的に把握し、さらに問題状況に応じて適切なものを選択し、現に実行できるようになること」（同、p.19.）が求められる。

76）同上書、p.60. に、「その対象に対してアプローチするに際して制限をかけたからこそ、今日、その教科等で教えることになっている様々な知識や技能が生成されたという事実に気付く」「理科で教える特定の知識を前に、どうやってこんな知識を人類は獲得してきたのかと問えば、それは理科ならではの対象に対するアプローチ、『見方・考え方』を働かせたからだろう」とある。

77）同上書、p.56.

78）新村出 編『広辞苑 第七版』岩波書店、2018年。

79）梅棹忠夫・金田一春彦・阪倉篤義・日野原重明 監修『日本語大辞典』、講談社、1995。

80）Philip Babcock Gove et al. Webster's Third New International Dictionary, G. & C. MERRIAM COMPANY, Publishers, 1981.

81）原文は「the science of the application of knowledge to practical purposes」、前掲書、p.2348.

82）原文は「the science by which the properties of matter and the sauces of energy in nature are made useful to man in structures, machines, and products」、前掲書、p.752.

83）Yata, C., Ohtani, T. & Isobe, M.（2020）: Conceptual framework of STEM based on Japanese subject principles, *International Journal of STEM Education*, 7, 12.（https://stemeducationjournal.springeropen.com/articles/10.1186/s40594-020-00205-8［2022.09.15, 14:59 閲覧］）

84）同前掲49)。

85）前掲書49)で、「Bybee（2010）が指摘するEngineeringによるDesign（E）とMaeda（2013）が提唱するArtにおけるDesign（E）が横断するDesignがSTEM/STEAM教育の接点となる」と述べている（BYBEE, R. W.（2010）: What Is STEM Education?, *SCIENCE*, 329（5995）, 996. および、Maeda, J.（2013）: STEM + Art = STEAM, *The STEAM Journal*, 1 1, 1-3. DOI: 10.5642/steam.201301.34）。

86) Svihla（2021）による指摘。Xiantong Yang, Mengmeng Zhang, Yuehan Zhao, Qiang Wang, Jon-Chao Hong, Relationship between creative thinking and experimental design thinking in science education: Independent or related, *Thinking Skills and Creativity*, Volume 46, 2022, 101183, ISSN 1871-1871, https://doi.org/10.1016/j.tsc.2022.101183.

87) 辻合華子・長谷川春生「STEAM 教育における“A”の概念について」『科学教育研究』44（2)、2020、pp. 93-103.

88)『研究社 新英和大辞典 第 6 版』では Liberal Art の第一義として「自由七科、教養七学科（中世における教育の主要な学科で、文法・倫理・修辞の三科と算術・幾何・音楽・天文学の四科の総称)」が挙げられており、その次が「(近代以降の大学の）一般教育科目（……知的能力を発展させる目的の語学、自然科学、哲学、歴史、芸術、社会科学などを指す)「(総合的・個別的に）芸術」となっている（竹林滋 編『研究社 新英和大辞典 第 8 刷』2009、研究社)。一方、『オックスフォード現代英英辞典 第 8 版』では、「主に北アメリカで使用される英語」という扱いで、「学生の一般的知識や能力、思考力を伸ばすための教科や学習」とされ、それらの力は「技術的なスキル」を意味するものではないことも付記されている（オックスフォード大学出版局『オックスフォード 現代英英辞典 第 8 版』2010、旺文社)。このように、英和辞典においても大きな違いが見られる。

89) 胸組は、Engineering の活動を「1 つの解決策を目指す傾向（収束思考：convergent thinking)」、Arts の活動を「個人個人で異なる解決策を模索する傾向（拡散思考：divergent thinking)」とし「1 つの解決策に固定化されやすい STEM に Arts が加わることで多面的な形が促され」ると述べている（胸組虎胤「STEM 教育と STEAM 教育：歴史、定義、学問分野統合」『鳴門教育大学研究紀要』34、2019、pp.58-72.)。これを受け、【図 8】【図 9】の Engineering の活動の箇所に「収束的思考」、Arts の活動の箇所に「拡散的思考」という語句を加えた。

90) 同前掲 49)。

91) 日本産業技術教育学会材料加工（木材加工）分科会（2016)「木育・森育実践資料集」NPO 法人木づかい子育てネットワーク。

92) 長﨑結美・馬場拓也（2017)「幼児・児童を対象とする音楽と造形を融合した総合的な表現活動に関する研究―「木育」を取り入れた楽器づくりと演奏実践を通して―」『帯広大谷短期大学地域連携推進センター紀要』4、pp. 53-62.

93) 長﨑結美・山本健太（2019)「乳幼児のためのコンサートによる音楽教育の可能性（4）―「木育」による表現活動を中心に―」『帯広大谷短期大学紀要』56、pp. 29-38.

94) 浜頓別町立浜頓別小学校 4 年生 16 名を対象として実践。日時は本文中に記載。

95) L（木材の長さ）と f（音の振動数）と定数で与えられるこの式は、「非常に細長い棒においては太さが等しければ周波数は長さの 2 乗に反比例」するという関係に基づいている（若槻尚斗「体鳴楽器」柳田益造編『楽器の科学』SB クリエイティブ、2013、pp.145-158。)。本実践では、円柱状の木材を電子キーボードで設定した音程と一致するまで切断していき、一致したときの長さ（L）を測定することで実測的に比例定数 449.01 を算出した。また、厳密にはこのような 2 変数によって「木琴の音板の振動数」が決定するのではなく、次に示すように ρ（木材の密度)、Q（木材のヤング率)、k（木材の半径)、π（円周率)、定数 1.133 によって振動数 f が決まる（Olson, H. F.（1967）: *Music, Physics and Engineering*, Dover Publication, Inc.（H. F. オルソン／平岡正徳訳『音楽工学』誠文堂新光社、1969.)）。

$$f = \frac{1.133\,\pi}{L^2}\sqrt{\frac{Qk^2}{p}}$$

また、「棒を叩いたときに起こる振動の周波数は 1 つではなく、いろいろな周波数をもつたくさんの振動が一度に起こ」るため（若槻「体鳴楽器」柳田編『楽器の科学』p.149.)、音が「一致した」というのは「最も強く聞こえた周波数と一致した」ことを意味する。さらに「実際の楽器においては十分に細長いと見なせないことが多く、正確にこのとおりになるわけではない」こと（若槻、同）も指摘されている。そのため、音板の長さを算出する比例式があることを印象づけるための素材として活用した。

96) NHK ホームページ『ツクランカー』https://www.nhk.or.jp/school/sougou/tsukuranka/［2022.7.5.16:41. 閲覧］

97) NHK ホームページ『ツクランカー』https://www.nhk.or.jp/school/sougou/tsukuranka/onair/［2022.7.5.16:43. 閲覧］

98) NHK ホームページ「NHK for School 実践データベース」https://www.nhk.or.jp/school/data/pdf/report_047.pdf［2022.7.5.17:48. 閲覧］に加筆。令和 3 年度、浜頓別町立浜頓別小学校 4 年生。

99) NHK ホームページ「NHK for School 実践データベース」https://www.nhk.or.jp/school/data/pdf/report_045.pdf［2022.7.5.17:49. 閲覧］に加筆。令和 3 年度、留萌市立緑丘小学校 6 年生。

100) 笠間（2001）の、砂場を子供の自由な創造の場として捉え、保育史の立場からその起原や伝播の経路に着目した研究成果（笠間浩幸『〈砂場〉と子ども』東洋館出版社、2001.)。

101) Welch の検定を適用した理由は「16 名という比較的少ない人数であること」「16 名中 10 名前後が 4 を選択しており、明らかに正規分布が仮定できない集団だったこと」「2 標本の母分散が等しいとは限らないこと」の 3 点である。なお、統計分析のソフトは HAD（清水裕士「統計分析ソフト HAD」、2016、https://norimune.net/had［2022.10.12.17:39 閲覧］）を使用した。

102) このように代表値として平均値・中央値・最頻値の 3 種を示した理由は、前出の注の Welch の検定を適用した理由と同様に「16 名という比較的少ない人数であること」と「16 名中 15 名が“4”を選択しており、明らかに正規分布が仮定できない集団だったこと」の 2 点による。正規分布が仮定できない場合、平均値と標準偏差を計算上は算出できたとしても、その数値から統計的な意味を読み取ることが困難になるからである。

103) テキストマイニングには、フリーソフト KH-Corder（樋口耕一『社会調査のための計量テキスト分析 内容分析の継承と発展を目指して』ナカニシヤ出版、2014.）を使用した。なお、テキストを分析する際は、例えば「音符」が「音」と「符」に分かれて処理されることがないよう強制抽出をする語句などを設定する必要がある。本稿に関わってもそのような語句を事前に強制抽出するように設定した。また「思った」

「分かった」などの語句は、ほぼすべての子どもの記述に含まれることから、抽出しない設定にした。さらに今回のような小学生対象の調査の場合、例えば「しんどう」「しん動」「振動」といった表記の混在があるため、基本的に「振動」というように漢字に置き換えた。

104) 散布図において描画されている円は、「当該語句の出現頻度」をその大きさで表現したものである。四角形に囲まれた数字は子どもの記述に付された番号である。本稿では子どもが16名であったので、1〜16の数字が四角形に囲まれた形で座標上に配置されている。

105) 前掲書103)。

106) 八杉龍一『新版 科学とは何か』東京教学社、2007。

107) 文部科学省「STEAM教育等の教科横断的な学習の推進について」2021、p.11。https://www.mext.go.jp/content/20220518-mxt_new-cs01-000016477_00001.pdf［2022.10.03.18:07. 閲覧］）

108) テキストマイニングソフトでは、分析の設定の仕方によって表示のされ方が大きく異なる。今回の分析では、語句の「最小出現数」を10として出力を行った。この場合、画面上に布置される語句数が14となり感覚的に傾向がつかみやすくなる。ここで「最小出現数」を1として出力した場合、布置される語句が69となり、画面上にバブルが多数重なり傾向をつかむことが難しくなる。ただし、調整の仕方によっては意図しなくても恣意的な画像出力になってしまう可能性もあるため、本書における出力および分析についても「ある一定の条件下では」という留保がつくことになる。

109)「実践あり」の群と「視聴のみ」の群の人数は大きく異なることから、集計したテキストデータをそのままテキストマイニングのソフトで処理した場合、語句の登場回数、つまり図中のバブルの大きさが異なってしまうため、2群それぞれの傾向がつかみにくくなると正しく表示されないという問題がある。今回の分析については、2群の人数比がほぼ同じになるような調整を行った。具体的には、「実践あり」の群が約50名、「視聴のみ」の群の人数が約200名であったことから、「実践あり」の群の記述を4倍（つまり同じ記述が4回ずつある）にした。このようにすることで、含まれている語句の割合や傾向を変えないまま人数がほぼ同数になる。2群をほぼ同数にしたうえで対応分析を行ったものが【図35a】【図35b】である。

110) 最小出現数3、分類される語の数23という設定である。グループの数は図中の右側にある点線の位置によって増減が可能である。【図36】の場合、現在位置より右にずれればグループ数が少なくなり、左にずれれば多くなっていく。

111) 我が国が「新興国にコスト競争力で勝つことは難しい。日本は高付加価値産業への構造転換を急ぐべきである」との指摘がある（日本創成会議第2回提言「地域開国：グローバル都市創成」（平成24年7月12日）日本創成会議、2012、p.4. http://www.policycouncil.jp/pdf/prop02/siryo2.pdf［2017.2.1.15:50 閲覧］）。

112) ケヴィン・アシュトン著／門脇弘典訳『馬を飛ばそう』日経ＢＰ社、2015、p.26.

113) 同上書、p.79.

114) 同上書、p.379.（訳者あとがき）。

115) キャサリン・ミリケン氏へのインタビュー記事『教育研究』2012年10月号、不昧堂出版、平成26年、p.37.

116) 松尾知明『教育課程・方法論―コンピテンシーを育てる授業デザイン』学文社、2014、p.45.
117) 筑波大学附属小学校『筑波大学附属小学校の『独創』の教育』図書文化、2012、p.13.

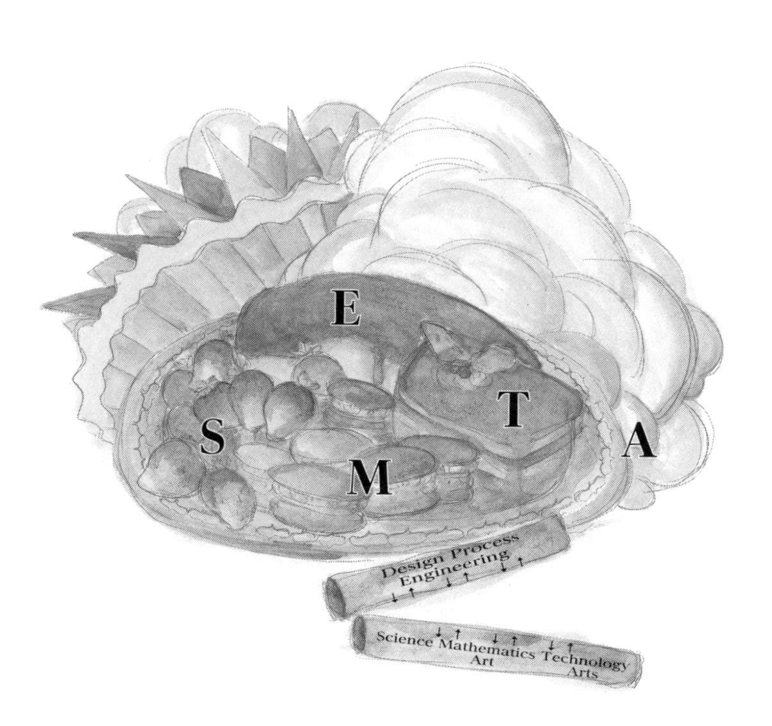
E
S
T
A
M
Design Process
Engineering
Science
Mathematics
Art
Technology
Arts

〈著者紹介〉

芳賀 均（はが ひとし）

北海道教育大学旭川校 芸術・保健体育教育専攻 音楽分野 准教授／へき地・小規模校教育研究センター センター員。研究分野は音楽科教育、教育評価、合科的学習、へき地教育。文教大学教育学部初等教育課程音楽専修卒業。明星大学大学院人文学研究科教育学専攻博士後期課程修了。博士（教育学）。東京都板橋区出身。北海道宗谷管内（15年間）および東京都江東区（5年間）の小学校勤務を経て現職。大好きな宗谷・道北地方と関わる毎日に喜びを感じながら研究活動に取り組む。音楽科教育を木村信之、音楽を伊津野修、教育学を高浦勝義の各氏に師事。教養の側面から小川哲生、感性の側面から宮田昭弘・るり子夫妻の各氏より薫陶を受ける。
近著は『改めてつくる音楽の授業』（幻冬舎メディアコンサルティング）。

森 健一郎（もり けんいちろう）

北海道教育大学大学院高度教職実践専攻高度教職実践専修（教職大学院・釧路校）教授／へき地・小規模校教育研究センターセンター員。研究分野は理科教育、カリキュラム開発、へき地教育。 北海道教育大学教育学部釧路校中学校教員養成課程卒業。北海道教育大学大学院教育学研究科教科教育専攻修士課程修了。日本体育大学大学院教育学研究科実践教科教育学専攻博士後期課程修了。博士（教育学）。北海道釧路市出身。北海道釧路管内（19年間）の中学校勤務を経て現職。地域の教員養成、学校教育に貢献することをライフワークに各種研究活動を進めている。理科教育を生方秀紀、栢野彰秀、角屋重樹の各氏に師事。

関連図書：芳賀均・森健一郎『楽しい合科的学習の実践――音楽と他教科の合科・STEAM教育を考慮した教科横断的な学習』文芸社、2020.

総合的な学習としてのSTEAM教育の実践
——音や音楽を題材にした活動——

2023年4月28日　第1刷発行

著　者　芳賀 均
　　　　森 健一郎
発行人　久保田貴幸

発行元　株式会社 幻冬舎メディアコンサルティング
　　　　〒151-0051　東京都渋谷区千駄ヶ谷4-9-7
　　　　電話　03-5411-6440(編集)

発売元　株式会社 幻冬舎
　　　　〒151-0051　東京都渋谷区千駄ヶ谷4-9-7
　　　　電話　03-5411-6222(営業)

印刷・製本　中央精版印刷株式会社

装　丁　江草英貴

似顔絵イラスト　ラクガキヤ
口　絵　芳賀尋子

検印廃止

ISBN 978-4-344-94463-3　C0037
幻冬舎メディアコンサルティングHP
https://www.gentosha-mc.com/